Cristian El Kogu Cadamuro consiglia Case di Campagna.
14 ottobre 2018 ·

Conosco Cesare Antonelli da molto tempo, ora come
punto di riferimento per il settore immobiliare consulto
sempre lui prima di tutto.
Ottimo professionista del settore.

Maria Teresa Bertaglia consiglia Case di Campagna.
2 novembre 2018 ·

La professionalità, l'esperienza e la serietà di Cesare sono
una garanzia che il tuo acquisto sarà il più adatto alle tue
necessità di "sentirti a casa".

Monica Giuliani consiglia Case di Campagna.
11 settembre 2018 ·

Cesare è una persona seria e un gran professionista. Sa fare
molto bene il suo lavoro
Mi fido al 100%

NON CI SIAMO!

Ore 7.30 del mattino.

Mi vesto, vado in cucina per mangiare qualcosa ma il frigo è vuoto. Così scendo prima di casa e mi fermo al solito bar dove faccio spesso colazione prima di andare in ufficio per iniziare una nuova giornata di lavoro.

Ormai la barista conosce le mie abitudini: tazza di caffè caldo e cornetto al cioccolato e spremuta

Una colazione frugale.

Mentre sorseggio il mio caffè in solitudine, nei tavoli davanti a me, un gruppo di uomini iniziano a discutere sulle notizie che intanto passano sul maxi schermo al telegiornale.

"Vasco Rossi truffatore, lo sapevo!"

"Queste banche ladre! Meno male che il mio conto è in rosso così non potete rubarmi nulla!"

"Ahhhh Juventus di m***! Ladriii!!"

Chissà perché ma non amo passare tempo al bar come facevo da ragazzo tanti anni fa.

Mentre ascolto queste lamentele me la ghigno un po' sotto i baffi. Penso a quanta energia stanno sprecando di prima mattina verso cose su cui non hanno il minimo controllo.

A che serve sbraitare? Non l'ho mai capito e mai lo capirò. Non mi sono mai occupato né interessato di ciò che non mi compete. Esiste una realtà esterna e una realtà interna. Così come esiste una macroeconomia e una microeconomia. Io preferisco agire nel piccolo perché è lì che riesco ad avere il pieno controllo. Quelli che si lamentano perché ora i sacchettini per inserire la frutta li paghi 5 centesimi sono gli stessi che poi buttano nel c***o 6 euro per un pacchetto di sigarette. Dov'è la coerenza?

E' assolutamente legittimo lamentarsi ma ritengo che sia più proficuo darsi da fare. Durante la giornata abbiamo le energie limitate. Ci alziamo alla mattina col 100% di batteria e non possiamo permetterci di sprecarla in caxxate. E' molto meglio cercare di essere sé stessi, avere sempre un bel sorriso, migliorare le giornate delle persone che ci circondano e fare del proprio meglio per raggiungere i propri obiettivi, qualunque essi siano!

In fondo abbiamo solo una vita per provarci!

PREFAZIONE

◆ ◆ ◆

DOVETE DARVI DA FARE! ADESSO

◆ ◆ ◆

Tutti abbiamo due cose fondamentali: la nostra mente, la nostra intelligenza, e il nostro tempo, che come tutti sappiamo è limitato, ed è per questo che è ancora più prezioso.

Dobbiamo noi saperli usare nel modo giusto.

Vendere casa, saper ottimizzare il nostro tempo e investire denaro, fanno parte volenti o no di scelte che dobbiamo affrontare nella nostra vita.

Sapere risparmiare, investire, saper fare i conti come un ragioniere, diploma molto svalutato o deriso, ma molto utile nella vita, potrà decidere del vostro benessere finanziario, e ogni euro investito quotidianamente influirà sulle vostra vita e su quella della vostra famiglia.

Dovete decidere voi e solo voi cosa lasciare o tramandare ai vostri figli e metterli in guardia su quello che là fuori li aspetta, preparandoli cosi a vivere nel mondo di oggi. Lo potete fare solo voi, perchè nessun altro lo farà al posto vostro.

" PERCHÉ LE CASE SI VENDONO SOLO ALL'ESTERO"

◆ ◆ ◆

Non Raccontarlo a nessuno !
È TOP SECRET!

Con la crisi che c'è perché vuoi vendere CASA adesso?
Che fretta hai? Pensi davvero che ci siano delle PERSONE ansiose di comprarti casa ?
O invece credi che vendere casa in ITALIA, con la crisi che c'è sia un po' complicato!
Ma! Se lo dici tu che non si batte più CHIODO !
Invece sai cosa ti dico?

VENDERE CASA AGLI STRANIERI è la cosa più BELLA e FACILE del mondo!
La cosa che TU devi fare è NON FARE NIENTE!
Sembra che ti prendo per il culo, ma è la VERITÀ!
Ti chiedo, ma sei veramente sicuro che TU SAI esattamente quello che FAI quando VAI in Agenzia per Vendere

CASA?

Ma che ne SAI del mercato e delle abitudini dei clienti ESTERI?

SAI perché gli STRANIERI comprano in Italia?

Il mercato di vendita ALL'ESTERO a clienti STRANIERI è molto particolare e complesso

Necessità di tanta professionalità e richiede una preparazione alla VENDITA che molti non hanno!

E ti devi anche fare un MAZZO così!

Saper trattare con Olandesi, Francesi, Tedeschi, Americani o Russi non è così semplice come TI fanno credere!

Devi conoscere la loro cultura, le loro abitudine e le loro usanze!

Ti devi identificare con loro fino a diventarne AMICI!

La pubblicazione di annunci in lingua INGLESE è indispensabile, e cercare di farsi CAPIRE in una mail è complicato

Ma il difficile arriva quando ti arriva una TELEFONATA dall'estero, e tu non capisci NULLA!

E devi chiarire o dare spiegazioni al CLIENTE che ti fa' domande specifiche su questioni tecniche e legali!

Se non sei o non hai persone di LINGUA madre nel tuo STAFF, rischi veramente di non capire quello che ti vogliono dire o spiegare!

E rischi di fare una figuraccia di MERDA che può compromettere per sempre il tuo lavoro con loro!

Solo una persona altamente preparata e di lingua madre può parlare tranquillamente al TELEFONO in modo naturale con una persona straniera che vuole comprare casa in ITALIA!

È un LAVORACCIO! Credimi!

NON PARLARNE IN GIRO!

"COSA MI CAPITA SE NON VENDO SUBITO CASA?"

Come faccio a sistemare i miei problemi e pagare tutte le spese e debiti e vivere FELICE e SER-ENO con mia FAMIGLIA?

Quindi cosa vorresti fare?
BASTA VOGLIO PAGARE TUTTI E STARMENE TRAN-QUILLO
Ehh..Ho capito, ma le case non si vendono più!
Ma in Italia intendo!
Devi VENDERE Casa agli STRANIERI online!
Vendi a RICCHI Investitori di tutto il Mondo con il servizio di Homeforsaleitaly
Sono pieni di SOLDONI e vogliono comprare in ITALIA
Abbiamo a che fare con tanti Europei AMERICANI e VOGLIONO la tua CASA!
Promuoviamo il Tuo Immobile in oltre 120 Portali Esteri mostrando il Tuo ANNUNCIO a oltre 150Milioni di

cesare antonelli

VISITATORI ogni mese!
Entra subito nel nostro CLUB ESTERO con la formula BASIC, GOLD o V.I.P., senza perdere tempo e scegli quanto spendere per risolvere subito il PROBLEMA!
Prendi i SOLDONI che meriti e vivi la tua VITA!
MA DEVI DECIDERE ORA COSA FARE!

Queste sono mail arrivate ieri e Cercano la TUA CASA

✓ SVEZIA DA OSKAR
Name: Oskar xxxxxxx
Phone: 070xxxxxxxcx
E-mail: nyblom.xxxxxxxxxx
Country: Sverige
Received from: Sweden
Enquiring for:
Property reference: Ref. Casolare in sasso B&B colline rimini - House in MONTE COLOMBO (RN) - Rimini - Emilia-Romagna. Price: 180000
Comments:
Hej. Kan ni sända oss lite flera foto/ bilder på utsidan och insidan av huset. Även på trädgården.

✓MIHAELA DALL A.SVIZZERA
Name: Mihaela XXXXXXXX
Phone:
E-mail: ela.XXXXXXXX
Country: SCHWEIZ
Received from: Switzerland
Enquiring for:
Property reference: Ref. B&B Agriturismo al Lago - House in CASTIGLIONE DEL LAGO (PG) - Perugia - Umbria. Price: 250000

8

Comments:
Guten Tag wir bitten Sie um mehr Bilder, Haus und Grundstück Pläne für das Haus B&B Agriturismo al Lago

✓CHRISTINE DALLA GERMANIA
Name: Christine XXXXXXX
Phone: 491XXXXXXXXX
E-mail: xxxxxxxxx
Country: Deutschland
Received from: Germany
Enquiring for:
Property reference: Ref. Entroterra Rimini vendesi casa semindipendente - House in PENNABILLI (RN) - Rimini
Ich interessiere mich für das Haus und bitte um Kontaktaufnahme. Danke.
Siamo presenti in tutta Italia
Risolvi il problema ADESSO
Perché le case non si vendono PIÙ!
NON ASPETTARE PERCHE IL TEMPO È DENARO !

LEGGI ATTENTAMENTE I 4 CAPITOLI CHE SEGUONO SE NON VUOI TROVARTI NEI GUAI

◆ ◆ ◆

SE NON VUOI VENDERE, NON VENDERAI MAI

◆ ◆ ◆

PRIMO CAPITOLO INTRODUTTIVO

L e persone si lamentono sempre!
Chissà perchè, giuro non capisco a che serve lamentarsi, mi sforzo ma non capisco!
Quello che bisogna fare invece è darsi da fare! Sempre.
Ci sono persone che vogliono Vendere la loro casa, ma non capiscono che ormai non si vende più nulla.

I "Millenials" non comprano più niente.
Non hanno i soldi per farlo
Non hanno lavoro e sono demoralizzati
Avere oggi una casa intestata è un grosso problema.
E' così, e non ce niente da fare

Le casa si vendono solo all'Estero, agli Stranieri, intendo
Russi, Americani, Olandesi , Tedeschi. perchè è lì che ancora ci sono soldi da spendere.
Ma si sà, da noi in Italia nessuno fa nulla per migliorare le
cose, e così non riesci a vendere nulla.
Veramente la soluzione al problema c'è sempre, se uno
vuole vederla!
Le persone buttano soldi per cose che non useranno mai,
ma che però le fa sentire bene!

Chissà perchè spendono per le cianfrusaglie?

Invece investire 300 o 500 euro per essere sicuri di vendere, chissà per quale motivo, ti dà l'impressione di but-
tare soldi al vento quando sai benissimo, che non è così.
Puoi avere la casa più bella di tutti, ma se nessuno sa che
la vendi dimmi a che serve?
Oggi hai la soluzione al tuo problema, la tua casa la facciamo vedere in tutta Europa, America,e Russia, pensi
che non te la vendiamo?

Hai l'opportunità di vendere Velocemente e al maggior
prezzo di mercato, ma devi darti una mossa perchè le
case in vendita sono tante!

I SOLDI NON SONO IMPORTANTI

◆ ◆ ◆

SECONDO CAPITOLO INTRODUTTIVO

Sei sicuro che alle persone non piace spendere soldi?
Alle persone piace tantissimo spendere denaro.
Le persone amano comprare ma odiano chi gli vuole vendere.
Quelli che vogliono venderti per forza qualcosa, non so perchè ma stanno antipatici alle persone.
Quindi se hai un problema e qualcuno sa come aiutarti a cosa serve consigliare qualcuno che non ti ascolta?
Per insistere su qualcosa che nessuno vuole?
E per di più, se insisti diventi pure antipatico
Quindi perchè pubblicizzare un prodotto innovativo e facile da utilizzare?
Se ti dicessi che con pochi spiccioli ti mando il tuo annuncio su nello spazio con i maggiori portali esteri immobiliari mondiali?

Ma tu stai scherzando mi dici, io faccio da solo!

Non fare questo sbaglio, tutti abbiamo sbagliato nella vita, io l'ho fatto prima di te!
Quindi voglio aiutarti!
Anchio ho iniziato così, pensando di fare tutto da solo, ma così non vai da nessuna parte!
Quindi non continuare con questa storia che i soldi non sono importanti e poi ti becco a comprare i gratta e vinci!

Ma dai! Voglio farti risparmiare i soldi che perdi non vendendo e che blocchi nella tua casa, in quella dove abiti!
Ricorda sempre, che sono le idee delle persone quelle che ti migliorano, e allora smettila di incasinarti la vita.
Non sto scherzando, ma tanto so già che non ti interessa quello che dico.

Quindi che te lo dico a fare?

Lo sai che di case in vendita è pieno il mondo vero?
Quindi o la vendi all'estero e mi ascolti o te la tieni e continui a rimetterci soldi e a pagarci le tasse!

Ok! Ho capito, fai come vuoi!

Va beh! Vuol dire che i miei clienti Americani già pronti con i soldoni lì porto da un altra parte!
Perchè se fai così lo sai già che la casa non la venderai MAI!

Lo sanno tutti che ormai le Case non si vendono PIU'

PERCHE' LE CASE NON SI VENDERANNO PIU' IN ITALIA

◆ ◆ ◆

TERZO CAPITOLO INTRODUTTIVO

Molto spesso abbiamo persone che vengono da noi non perchè interessati a vendere casa, ma perchè vogliono sapere quanto vale la loro casa, per vedere se l'hanno messa in vendita al giusto prezzo oppure no, dal momento che hanno difficoltà a vendere.
Proprio per questo motivo ti insegnerò come mai nessuno vuole darti il prezzo che la tua casa merita, e ti spiegherò anche come devi fare per dare e aumentare valore per non doverla svendere!

Ti è utile per avere un idea molto più nitida e chiara di quali sono i meccanismi che determinano il valore di una casa agli occhi di un acquirente e come puoi fare per sfruttarli a tuo vantaggio.

Ti spiegherò anche quali vantaggi e svantaggi può avere nel lungo termine pagare un mutuo ventennale, e perchè invece ai "Millenials" non solo non interessa il mutuo ma ahimè, neanche l'acquisto della casa per abitarci.

Stanno cambiando gli usi e le abitudini dei nostri ragazzi dai 25 ai 40 anni, loro preferiscono andare in affitto e mai si comprerebbero casa.
Tutto questo perchè non hanno soldi e non hanno futuro! Molto triste, ma è la verità!

Ricorda sempre che la vendita è un fatto emotivo che accompagna le persone ad acquistare e a fare il più grande investimento della loro vita!

NON E' VERO CHE QUANDO AVRAI VENDUTO CASA STARAI MEGLIO

◆ ◆ ◆

QUARTO CAPITOLO INTRODUTTIVO

Ti anticipo una cosa che affronteremo in maniera molto più specifica.

Per capire come cambiano gli strumenti del marketing, devi capire come sta cambiando il mondo.

Devi analizzare quali sono i cambiamenti sostanziali rispetto al secolo scorso e cavalcare l'onda di questi cambiamenti, sfruttando le opportunità per ritrovarti in netto anticipo rispetto ai tuoi concorrenti.

Non farti sfuggire questa occasione e fatti trovare pronto e preparato.

Ricorda sempre che se non hai un metodo, un sistema di

vendita collaudato e sperimentato non venderai MAI!

10 anni fa anche io avrei voluto qualcuno che mi mostrasse un metodo collaudato da seguire passo dopo passo, per non commettere errori e massimizzare le visite e le vendite, senza perditempo e scocciatori per casa!

Tu oggi hai la possibilità e un grande vantaggio!

Puoi fare tuoi i miei errori, per non ripeterli, e mia decennale esperienza per collezionare operazioni di successo.

Adesso basta muri e preparati perchè ti sto dando informazioni di alto valore, che ad altri costerebbero tanti soldoni, ma che adesso sono solo per te che hai acquistato il mio libro!

Venderai casa anche tu , ma dopo e solo dopo avere venduto ti renderai conto che il tuo percorso di vita e di lavoro è appena incominciato!

LO POTETE FARE SOLO VOI, PERCHÈ NESSUN ALTRO
LO FARÀ AL POSTO VOSTRO. QUELLO CHE DECIDERETE
ADESSO INFLUIRÀ ENORMEMENTE SULLA VITA DEI VOS-
TRI FIGLI.

VENDERE CASA
A STRANIERI

*7 REGOLE PER DIVENTARE RIC-
CHI E USCIRE VIVI DALLA CRISI*

*Voglio ringraziare per tutto
quello che sò e che ho imparato
nella mia vita tantissime persone.*

◆ ◆ ◆

*I miei genitori Arturo e Carla per
i loro preziosi insegnamenti.*

◆ ◆ ◆

**La mia adorata famiglia,
mia moglie Marinella e miei
figli Marco e Carolina**

◆ ◆ ◆

CONTENTS

◆ ◆ ◆

PERCHE' SCRIVERE
UN LIBRO

Acquisire prestigio nei confronti di clienti e amici è un aspetto fondamentale nei rapporti sociali, nella vita di tutti i giorni e sopratutto nel lavoro. Il prestigio è una gran cosa, ma da solo non basta e non ti renderà mai ricco!

Scrivere un libro, invece, può aumentare la tua credibilità.
Successo e credibilità sono termini il cui significato può variare tra le persone, per ognuna di esse può avere un significato diverso!

Ti voglio far conoscere quello che scrisse "Jim Edwards", a proposito di perchè scrivere un libro.
"Ho scritto il mio primo libro intitolato Vendere casa da soli, più di venti anni fa. Grazie a un decennio di esperienza nel campo immobiliare, scrissi questo libro per insegnare a vendere la propria casa senza la mediazione di un agente. Impiegai dieci anni per completarlo, scrivendo quando avevo tempo e nei weekend. Nello scrivere e pubblicare il mio libro ho commesso tantissimi errori, ma nonostante i miei sbagli ho venduto tantissime copie per tanti anni"

E, continua Jim," dopo avere perfezionato il Metodo di lavoro(che fra poco sarà anche Tuo), ho aumentato tantissimo le vendite, che mi hanno consentito di coprire le spese per la casa, auto e bollette, benchè già da tempo non lavorassi più nel settore immobiliare"

Pensa, tutto questo con UN SOLO LIBRO!

NON LEGGERE QUESTO LIBRO SE NON SEI PRONTO A MIGLIORARE LA TUA VITA

◆ ◆ ◆

L a vita non deve essere così maledettamente dura, o almeno ho avuto modo di constatare che molte persone la pensano veramente così!
E dal momento che noi siamo quello che pensiamo, penso che molte persone siano convinte nella propria mente che lo deve essere veramente se ci siamo tutti arresi al lavoro dalle 9 alle 18 di sera, aspettando con ansia e trepidazione i rari fine settimana e le rare occasioni di fare brevi ferie o sennò ti licenzio e stai a casa.
Tutti spendiamo gli anni migliori della nostra vita con il sogno e la speranza di raggiungere la felicità.
Ma è vero che per essere felice e appagato devi fare un lavoro che non ti appassiona e continuare a fare lo schiavo tutta la vita?

Serve a tutti un nuovo modo di ragionare e di concepire il lavoro, e bisogna spezzare i legami che ci separano dal passato con una nuova forma di mobilità, che è rappresentata da una vita staccata dal pensiero di un lavoro per sempre, ma sopratutto dalla nuova forma di una vita di piena libertà, fatta di periodi di pensionamento alternati a periodi seppur brevi di lavoro.
Non dovrete scegliere mai tra avere un piacere oggi e il denaro domani, credo che si possano avere entrambi anche adesso.

il nuovo obiettivo è fare profitto con tantissimo divertimento.
La nuova ricchezza sarà avere più tempo libero, facendo

il lavoro che si ama, e potendo viaggiare più spesso.
Sarà un nostro compito trasformare la nostra vita nel sogno più bello che custodiamo gelosamente dentro di noi.

*QUANDO TI TROVI D'ACCORDO
CON LA MAGGIORANZA ,
E' IL MOMENTO DI FER-
MARTI A RIFLETTERE.*

Mark Twain

SOLO CHI DORME
NON FA ERRORI

S e questa è la prima volta che prendete in considerazione l'idea di farcela da soli ed impegnarvi in uno
stile di vita nuovo e frenetico ma entusiasmante
fino al punto di sentirvi irrimediabilmente felici, vi in-
vidio!

E' stato così anche per me la prima volta che ho affrontato il mio lavoro di investitore immobiliare. Non con-
oscevo troppo bene l'esito finale o tutto quello a cui sarei

andato incontro, ma annoiarmi è sempre stato fatale per me, così come al viaggiatore che conosce già la sua rotta! Questo libro si concentrerà sui passi esatti che dovreste compiere, cercando di farvi commettere meno sbagli possibili.

Stabilite un programma di lavoro con delle scadenze settimanali da rispettare. Questi propositi saranno i più duri da mantenere, così prendetevi l'impegno adesso!

◆ ◆ ◆

SE SAI DI NON SAPERE,
SAI GIA' MOLTO

Socrate

◆ ◆ ◆

SE IL TUO PERCHE' E' FORTE IL COME

NON E' MAI UN PROBLEMA

Il "perchè" si fa una cosa è di gran lunga più importante del "come"
Quando la mente si pone un obiettivo con un "perche" molto forte, ottiene molto facilmente ciò che vuole.

La tua mente farà tutto il possibile per trovare aiuti, consulenze,e la formazione necessaria per raggiungere al meglio delle possibilità il suo scopo.
Nessuno immagina che per te l'acquisto di questo libro non corrisponda alla volontà di dare una svolta positiva alla tua vita.
Prova dunque questo approccio: immagina i risultati che ti attendi e visualizza l'immagine dinanzi a te rendendola sempre più brillante e chiara.

Chiudi gli occhi adesso e visualizza quale significato potrebbe avere tutto questo, e quali benefici porterebbe alla vita della tua famiglia.

Ovviamente, un libro non esaurusce tutti i singoli quesiti sull'argomento, ma tuttavia potrà insegnarti le tecniche che io e tanti altri utilizziamo ogni giorno per aumentare le vendite in tempi relativamente brevi.

E' chiaro, perche con te devo essere onesto fino in fondo, che tutto questo non è farina del mio sacco!

Io stesso ho studiato per tanto tempo con ore e ore rubate letteralmente alla vita della mia famiglia, ma il mio desiderio di imparare tutte le tecniche che possano garantire il successo nella vita, era per me la cosa più importante e motivante.

Nelle prossime pagine troverai il riassunto di queste fantastiche tecniche che ho imparato e che con piacere e soddisfazione, ti svelerò, con l'augurio che possano servirti per realizzare i tuoi sogni.

❖ ❖ ❖

La vita è troppo brev per sprecarla
a realizzare i sogni degli altri

Oscar Wilde

◆ ◆ ◆

MA LA VITA E' VERAMENTE SORPRENDENTE

Dobbiamo farci trovare preparati per trovare il coraggio di affrontare la vita!
Non fatevi convincere da nessuno su ciò che potete o non potete fare nella vita.
Su quello che potete raggiungere o su quello che potete guadagnare, perchè sono tutte falsità che vi raccontano.

L'unica verità che tutti abbiamo, è solo quella dentro di noi!

Per alcuni è molto in profondità, mentre per altri è più alla luce del sole, ma quello che conta davvero è riuscire a tirare fuori la vostra verità, la vostra personalità, il vostro potenziale.
Siamo tutti dei talenti con alto potenziale, tutti indistintamente, ma quello che conta è trasformarle in risultati e traguardi da raggiungere.
La tenacia e la perseveranza hanno ampiamente dimostrato, che solo chi persevera giorno per giorno, senza soste può veramente arrivare dove vuole.
Non contano i soldi o quello che avete studiato che determina la vostra sorte o destino, ma è solamente la vostra forza di volontà che vi darà la forza di perseverare sbaglio dopo sbaglio e di scoprire come fare una cosa, farla e rifarla, fino a quando non avete ragguinto e conseguito il vostro obiettivo così come voi l'avevate immaginato.

Non accontentatevi MAI prima di raggiungere quello che volete.
Io ho investito tantissimo nella mia formazione personale, per migliorare la mia vita e quella della mia famiglia. Nessuno scommetterà mai su di voi, ricordatevelo sempre, sarete sempre da soli con voi stessi, ma dovrete essere voi e solo voi i maggiori sostenitori di voi stessi e se lo volete intensamente e se saprete formarvi e applcare le giuste strategie e metodologie di lavoro, questo merito state tranquilli che prima o poi vi verrà ampiamente riconosciuto!

E vi posso assicurare che se ce l'ho fatta io, ce la può fare chiunque.

Non esistono geni, ma persone che si applicano costantemente giorno dopo giorno, mentre la maggior parte delle persone normali vanno in giro a divertirsi con gli amici.

Quello che ti posso consigliare è di fare un lavoro che ti dà passione, perchè se hai passione anche nei momenti peggiori trovi sempre la forza di perseverare, e ti assicuro che se perseveri sempre senza mollare MAI, arrivi dove vuoi tu.

◆ ◆ ◆

La strada non presa

di Robert Frost

Divergevano due strade in un bosco ingiallito, e spiacente di non poterle fare entrambe uno restando, a lungo mi fermai una di esse finchè potevo scrutando là dove in mezzo agli arbusti svoltava

Poi presi l'altra, così com'era, che aveva forse i titoli migliori ,perchè era erbosa e non portava segni; benchè in fondo, il passar della gente le avessero invero segnate più o meno lo stesso,

Perchè nessuna in quella mattina mostrava sui fili d'erba l'impronta nera d'un passo.
Oh, quell'altra lasciavo a un altro giorno!
Pure, sapendo bene che strada porta a strada, dubitavo se mai sarei tornato.

Io dovrò dire questo con un sospiro in qualche posto fra molto molto tempo:
Divergevano due strade in un bosco, ed io.......
io presi la meno battuta, e di qui tutta la differenza è venuta.

◆ ◆ ◆

LA MENTE VA ALLENATA TUTTI I GIORNI

Regola n* 1

L e persone di successo leggono tantissimo.
Leggono e alimentano la propria motivazione con libri di persone di successo e che ce l'hanno fatta prima di loro per cercare di carpire o rubare le loro idee, per capire cosa hanno fatto esattamente in quel preciso momento per risolvere quel tipo di problema.

Sono i libri che danno energia e motivazione, e sono cibo per la mente.

Inizate a leggere libri e testi che vi ispirano a dare il meglio di voi.

Leggete un libro al mese su un argomento che vi interessa per il vostro lavoro e diventerete il maggior esperto della vostra azienda.

Se vuoi essere e diventare competente o esperto del tuo settore devi leggere libri che hanno scritto persone che ce l'hanno fatta prima di te. Perchè nella vita tutti impariamo dalle nostre esperienze vissute o da quello che ci è già capitato, provando a non ripetere gli errori commessi.

Da ogni esperienza c'è sempre da imparare.

Se leggete libri scritti da chi vi ha preceduto nella vita, qualcosa da imparare la trovate sicuramente.

NON CONTA CHE SCUOLA FATE ! MA FORMATEVI SEMPRE

◆ ◆ ◆

Non c'è niente che impegni l'uomo impegnato meno del vivere; non c'è niente di più difficile da imparare

cesare antonelli

SENECA

Negli ultimi trantarè anni, ho guardato nello specchio ogni mattina e mi sono chiesto: "Se oggi fosse l'ultimo giorno della mia vita, vorrei veramente fare quello che sto per fare oggi?". E ogni volta che la risposta è stata "No" per troppi giorni di sapevo di aver bisogno di cambiare qualcosa...quasi tutto, le aspettative, l'orgoglio, la paura del disagio e del fallimento e di fronte alla morte tutto ciò semplicemente svanisce, lasciandoci solo quello che conta davvero. Ricordarsi che moriremo è il modo migliore che conosco per evitare la trappola di pensare di avere qualcosa da perdere

STEVE JOBS di Apple Computer, non laureato: discorso in occasione del ricevimento della laurea alla Stanford University.

F ollia è fare sempre la stessa cosa e spaettarsi risultati diversi

A. Enstein

◆ ◆ ◆

◆ ◆ ◆

Un nuovo concetto di "Giornata lavorativa" si profila in questi ultimi anni grazie all'apporto dei Ragazzi

I Ragazzi hanno conquistato il loro posto di lavoro e oggi rappresentano la più larga fetta della forza lavoro.

Sono riusciti a rivoluzionare il concetto "classico" di giornata lavorativa con orari fissi, creando inoltre nuovi spazi per lavorare con cubicoli personalizzati e uffici condivisi.

Hanno ben chiare le idee su come e dove lavorare, idee fresche che iniziano a farsi strada proprio ora che anche la generazione Z sta iniziando ad affacciarsi al mondo del lavoro.

In questo contesto in continua evoluzione, le aziende che non ritengono prioritarie la flessibilità e la mobilità del lavoro, rischiano di perdere i loro migliori talenti.

Ma prima di abbandonare la "tradizione" per l'innovazione nel mondo del lavoro, è bene sapere cosa davvero vogliono i Millennials, come si immaginano le condizioni di lavoro ideali.

Cosa vogliono di più le nuove generazioni?

Negli ultimi anni sono stati condotti numerosi studi per capire meglio cosa si aspettano dalla propria carriera i giovani professionisti.

Un'indagine condotta a livello globale da PWC che ha coinvolto e intervistato 44.000 millennials, rivela che sul lavoro questi reputano prioritari l'equilibrio tra vita personale e professionale, l'uso intelligente della tecnologia e le opportunità di crescita.

I giovani di oggi più propensi delle vecchie generazioni al cambiamento.

Se iniziano a sentirsi oberati di lavoro o sottovalutati, non esitano a passare ad un'altra azienda.

Di sicuro non vogliono restare incatenati ad una scrivania per 40 o più ore la settimana. Ma non per mancanza di volontà.

I giovani non sono pigri, tutt'altro.

Cercano semplicemente di crearsi una realtà su misura e se hanno un datore di lavoro che permette loro di farlo, trovano il modo di trovare un equilibrio tra vita personale e lavorativa che dia loro soddisfazioni e che li renda più sereni nell'affrontare la vita lavorativa.

Uno studio della Bentley University dimostra che il 77% dei giovani professionisti ritengono che il lavoro flessibile li renda più produttivi.

Inoltre l'84% è sempre connesso e continua a controllare le e-mail di lavoro anche da casa, al di fuori delle ore lavorative. L'abbandono progressivo della giornata lavorativa con orari fissi sembra rischioso ma in realtà è ciò che rende questi lavoratori più motivati e produttivi.

Chiedono più opzioni di lavoro flessibile ma non vogliono compromettere la qualità del proprio lavoro. Vogliono e si aspettano che le aziende mettano a disposizione dei lavoratori più strumenti tecnologici. Grazie alle chat business-friendly, agli strumenti social, alle piattaforme collaborative e ai programmi di e-learning, oggi ci sono molti modi per usare la tecnologie e lavorare in remoto o per arricchire le proprie competenze sul posto di lavoro.

La propensione dei millennials a cambiare lavoro quando sono infelici non equivale ad essere dei dipendenti sleali. E' più corretto descriverli come Ambiziosi. L'80% dei millennials ritiene che nel corso di tutta la vita lavorerà per non più di 3-4 aziende e il 36% dichiara che rimarrà legato all'attuale datore di lavoro per almeno 3-5 anni.

In altre parole, i giovani vogliono più opportunità di crescita professionale e desiderano scoprire e sfruttare sul campo le proprie capacità.

Diamo loro ciò che chiedono: il Lavoro Flessibile

Detto questo, cosa possono fare le aziende per avvicinarsi al modello di lavoro richiesto dalla nuova generazione, riuscendo a mantenere vivo il loro interesse nei confronti della carriera? Incoraggiare una cultura che abbraccia orari di lavoro flessibili e mobilità degli ambienti lavorativi è il modo migliore per iniziare.

Come datore di lavoro dovresti provare a pensare a cosa è possibile fare nell'immediato per incentivare la flessibilità sul posto di lavoro.

Quali mansioni o ruoli possono essere portati avanti lavorando online o in remoto sia in un part-time che in un full time?

Alcuni tipici esempi sono le attività di scrittura e ricerca, il marketing, le vendite e lo sviluppo.

In che modo diversi team possono effettivamente comunicare e collaborare?

Esplora le possibilità offerte dalle piattaforme collaborative progettate per i ruoli creativi o magari adotta soluzioni che permettano la combinazione tra file sharing e comunicazione sul posto di lavoro (DropBox, Google Messenger, ...).

Se proprio non riesci ad offrire ai tuoi dipendenti un programma di lavoro a distanza, potresti proporre loro delle ore di lavoro flessibile, magari un giorno a settimana, dando la possibilità ai dipendenti di lavorare da casa.

Diamo loro ciò che chiedono: Spazi per Crescere

Un'azienda di successo dovrà cercare tutti i modi per arricchire la vita lavorativa dei propri impiegati. I millennials hanno bisogno di spazi per espandere le proprie conoscenze e competenze e vogliono avere il giusto riconoscimento per un lavoro ben fatto.

Con l'esplosione degli strumenti di e-learning, acquisire la padronanza di nuove competenze o ruoli è oggi davvero molto facile.

Se la tua azienda riesce ad offrire ai dipendenti servizi importanti come la formazione avanzata, la possibilità di lavorare con orari e modalità flessibili (da casa, in remoto...), gli strumenti tecnologici più utili e innovativi e naturalmente il giusto incoraggiamento e apprezzamento per il loro lavoro, stai certo che sapranno apprezzare e saranno più motivati a restare all'interno dell'azienda per tanto tempo e in maniera produttiva.

Alla luce di tutte queste considerazioni, è da ritenere positivo il progressivo abbandono dell'orario lavorativo tradizionale (con le relative modalità più "rigide").

La tecnologia oggi ci permette di lavorare dove e quando vogliamo e le aziende che vogliono ottenere il successo e la soddisfazione dei propri dipendenti, non devono sottovalutare quest'enorme potenziale.

I millennials guadagnano più dei colleghi più anziani e si vergognano ad andare in vacanza (tra senso del dovere e vecchi schemi mentali)

"L'orario fisso non funziona più"Un nuovo concetto di "Giornata lavorativa" si profila in questi ultimi anni grazie all'apporto dei Millennials

Vendere Casa a Stranieri è Facile

S e sai come farlo.

Immagina di diventare un mago nel vendere casa ,e anche con soli 30 minuti al giorno di poter acquisire tutte le tecniche e strategie dei veri agenti immobiliari. Potrai dedicarti interamente al tuo lavoro e alla casa e nello stesso tempo diventare un vero venditore di case, che c'è di più bello e entusiasmante di questo? Ti godrai finalmente la realizzazione di un tuo sogno, facendo vedere agli altri che se ce l'hai fatta tu anche tutti gli altri possono farcela a vendere casa facilmente e velocemente, basta seguire un Metodo e rimboccarsi le maniche.

Potrai finalmente farti una meritata vacanza, e il tuo compagno/a ti adorerà, i tuoi amici ti considereranno un eroe, perché potrai in 100 gg vendere con facilità e con il minimo sforzo.

Imparerai anche come insegnare queste tecniche agli altri, in modo da fare partire un vero business per te e per chi ti vorrà seguire in questa fantastica impresa, e potrà anche diventare un lavoro che ti frutterà migliaia di euro.

Quindi adesso smettila di trovare sempre muri davanti a te, inizia ad acquisire tecniche e strategie finora sconosciute e prepara per bene la tua casa perchè vedrai che i clienti non tarderanno ad arrivare

♦ ♦ ♦

COME OTTENERE
QUELLO CHE
DESIDERI

P iace a tutti di fare il lavoro per cui si è più tagliati. L'artista ama dipingere, l'artigiano ama il lavoro manuale e lo scrittore ama scrivere.

Chi possiede dei talenti meno spiccati, ha comunque delle preferenze per determinati campi di attività. Se c'è una cosa positiva e che se volete fortemente una cosa la otterrete!

Analizzando la vostra personalità, i vostri talenti e le vostre capacità, stabilite un ordine di grandezza su quello che realmente vi piacerebbe fare! Dimenticatevi l'idea del "posto di lavoro". Dimenticatevi la solita routine della ricerca di un posto. Concentratevi unicamente su ciò che vi piace davvero e su ciò che potete dare

Questa procedura potrebbe richiedere un investimento aggiuntivo di alcuni giorni o di alcune settimane, ma la differenza in termini di reddito, di capacità e di visibilità vi farà rispiarmare anni di duro lavoro a uno stipendio minimo.

Una volta concepito il vostro piano di preferenze, mettetelo sulla carta con tutti i dettagli.

Ricordatevi che l'importanza di una personalità gradevole è importantissima nel giusto approccio che va tenuto con le persone o clienti. La vostra personalità gradevole e amichevole può compensare spesso ciò che vi manca sia nella qualità e sia nella quantità del servizio reso.

Bisogna abituarsi a tenere una condotta di comportamento piacevole e armoniosa, che faccia in modo di promuovere e agevolare la collaborazione di colleghi e collaboratori.

E tenete sempre ben presente nella vostra mente che non è quello che "ci capita giornalmente" che incide sulla nostra vita, le cose succedono e basta a tutti, ma quello maggiormente importante e determinante nella soluzione dei problemi e' "come reagite" ai problemi che incontrate quotidianamente.

Di film sull'argomento è pieno il mondo sulla motivazione a NON mollare MAI. Per fare questo devi fare ne-

cessariamente una cosa che ti piace fare, allora per te "perseverare"non sarà difficile o impegnativo, ma per fare questo devi avere passione in quello che "fai"
Fai una cosa che faresti anche GRATIS per farti capire cosa significa fare una cosa che ti dà passione.

SEI COME LE PERSONE CHE FREQUENTI

*Regola n*2*

◆ ◆ ◆

L e cattive abitudini sono quelle che fate tutti i giorni, quotidianamente e sono quelle guidate dai vostri pensieri.
Ci muoviamo e agiamo per abitudine, perchè ci aiuta ad agire più velocemente e con meno sforzi mentali. Le abitudini sono quelle che ci danno serenità e che ci fanno vivere con maggiore sicurezza.

Il problema delle persone è che molta gente continua a fare le stesse cose aspettandosi risultati diversi. Se invece volete ottenere risultati diversi allora dovete cambiare le vostre abitudini, dovete quindi decidere quali sono da "cambiare"o eliminare, e quali invece sono da creare.

Fare sempre la stessa cosa aspettandosi risultati diversi è la definizione di "pazzia", lo diceva anche un certo A. Einstein.Ricordate: voi siete le persone che frequentate, e se vi trovate in una sala dove siete il più intelligente, beh forse è il caso di cambiare stanza!

Se frequentate persone che hanno standard di vita, cultura e abitudini elevati per compiacerle tenderete ad alzare anche voi il vostro livello di vita, di comportamenti, di libri da leggere, di argomenta da discutere.

Ma se invece frequentate persone con standard di vita inferiori al vostro, tenderete anche voi ad abbassarlo.

Se vuoi diventare migliore devi frequentare i migliori

Dovete sempre tenere a mente che la cosa più importante non è dove vi trovate, ma in quale direzione state andando! E la vostra direzione è influenzata da esempi e dagli stimoli che vivete.

Insomma dovete sapere che la vita vi sballotterà continuamente e qundi dovete abituarvi a combattere e a crescere come persona . SEMPRE

Se volete essere felici e guardare in avanti e non conta tanto quello che avete, ma sopratutto dovete concentrarvi su quello che volete diventare, che significa: imparare, crescere, migliorare e cambiare le vostre abitudini.Se volete migliorare cambiate le vostre frequentazioni, seguite qualcuno che ha già fatto quello che vorresti fare anche tu, le persone che abbiamo intorno ci influenzano più di quanto pensiamo, quindi circondatevi e frequentate persone migliori di voi.

Se avete ambizioni di crescita nella vostra vita e volete fare una cosa o raggiungere un traguardo, diventate amici con chi ce l'ha già fatta.

◆ ◆ ◆

RENDI PIU'
PICCANTE LA
TUA VITA

Oggi incontro molte persone che hanno problemi e si ostinano a lavorare di più solo perchè restano aggrappate a idee vecchie e obsolete. Queste persone vogliono che le cose restino come erano e fanno resistenza al cambiamento. Conosco gente che perde il lavoro e la propria vita di prima, incolpando di tutto questo la tecnologia, l'economia o il boss in ufficio che ce l'ha con lui.

Purtroppo non si accorgono che spesso il problema sta in loro, perchè hanno idee superate e questo rappresenta il loro maggior problema. Ieri quelle idee erano un grosso vantaggio, ma oggi non lo sono più.

Io faccio la cosa che mi piace, che mi eccita, che mi fa alzare con il sorriso e la voglia di fare e che rende piccante la mia vita. I cambiamenti mi affascinano, non ho paura di cambiare. Preferisco gestire la mia vita e cercare di fare soldi piuttosto che chiedermi perchè non mi danno l'aumento. Oggi conta tantissimo l'informazione e chi la detiene è ricco, una volta erano importanti le fabbriche, e una volta ancora i più ricchi erano proprietari terrieri.

Non delegate la vostra vita a altri per una busta paga, al vostro capo o datore di lavoro, perchè così state rischiando tantissimo. Chi è ignorante viene facilmente manipolato, ma chi sa il fatto suo ha la possibilità di combattere.

Imparate a risparmiare e createvi un metodo per farlo, anche se si tratta di pochi euro al giorno, mettete via un venti per cento della vostra paga, fatelo subito, perchè la maggior parte della gente agisce d'impulso e compra appena può la macchina nuova o un atro "giocattolo" a credito. Ma comprarlo in questo modo, a credito, vi porterà prima o poi a odiare il vostro acquisto e diventerà un "peso" per voi, che non potrete sostenere.

.

cesare antonelli

LE AGENZIE IMMOBILIARI SONO UTILI

Ma se vendi a Stranieri puoi farcela anche da solo

Ma come risolvere quindi il problema di acquistare Casa?

Sono un imprenditore immobiliare da sempre impegnato nel consigliare e indirizzare le persone sulla scelta della propria casa, ma la prima cosa che voglio fare adesso è ringraziarti per aver acquistato il mio libro!
Ma perché questo nuovo libro? Ed esattamente in cosa consiste?
Ho notato negli anni che molte persone hanno sempre avuto il desiderio di approciarsi al mondo delle case!

Bisogna ammetterlo una volta per tutte!

E' un bellissimo lavoro!

Penso anche che sia un modo per socializzare e potere aiutare le persone a risolvere e a programmare quello che sicuramente è il più grande e importante investimento per la famiglia.

Sai, incontro tante persone nel mio lavoro e penso di poter affermare che tutti indistintamente possono approcciarsi a questo lavoro.

Se segui un Sistema collaudato o "Metodo" di vendita , TUTTI indistintamente possono cimentarsi in questo campo lavorativo e ottenere grandi soddisfazioni personali ed economiche.

Se avrai voglia e pazienza di continuare a leggermi, ti darò' consigli ed informazioni utili. Vedrai che anche tu potrai, se lo ritieni utile e se lo desideri, riuscire a pianificare e a raggiungere il tuo sogno di acquistare la tua casa da solo come un vero agente immobiliare. Questa scelta di renderà più forte e consapevole dal fatto che TU rispetto a un'agenzia hai una marcia in più poichè hai una forte e alta motivazione all'acquisto.

 Sai perché?

Ma perché sarà la casa dove crescerai i tuoi figli, sarà la TUA casa quindi chi meglio di TE può riuscire in questa impresa?

Ti darò anche preziosi consigli sul come vendere casa.

Se per acquistare devi, come capita spesso a tante persone, prima vendere la casa che hai e dove abiti, avrai bisogno di consigli e istruzioni all'uso, in modo da poter vendere velocemente casa tua.

Inizialmente sarà del tutto normale avere paure e frustrazioni.

Ma sarà bellissimo perchè soddisferai finalmente i tuoi desideri e le tue ambizioni riguardo all'acquisto di Casa!

♦ ♦ ♦

"NON CHIUDERTI A RICCIO QUANDO HAI FRETTA "

Dai che lo sa' anche mia NONNA che il MERCATO immobiliare italiano è in un momento di CRISI!

NON è certo una novità.

Ormai da alcuni anni i PREZZI degli immobili hanno subito un notevole calo e la DOMANDA è andata riducendosi drammaticamente come neve al sole.

La colpa di ciò è da addebitarsi alla congiuntura economica INTERNAZIONALE che ha coinvolto anche le banche, le quali hanno messo in MUTANDE le persone , bloccando drasticamente da oggi a domani l'erogazione di MUTUI immobiliari.

Meno MUTUI = meno SOLDI = meno CASE da comprare

Ora, seppure nel 2018 si noti un incremento nelle compravendite di case, chi decide di mettere in VENDITA un immobile deve prepararsi a un'attesa piuttosto lunga e snervante.

... ESTENUANTI contrattazioni...

... con POCHI acquirenti...

... pronti ad approfittare della SITUAZIONE economica per cercare di acquistare al MINOR costo possibile.

Insomma, diciamoci la verità vendere CASA agli italiani non è per niente semplice.

È un gran CASINO!

Già, ma allora che FARE?

Devo rassegnarmi a SVENDERE o a tenere l'immobile sul mercato per un tempo indeterminato?

E NON VOLENDO ....LA SFIDA inizia!

In quel momento in cui dici al venditore che il suo immobile vale intorno i 90 mila euro ma lui ha conservato il compromesso del 98 pagato lire 248 milioni......

NO! A ME NON MI FREGA NESSUO!

NO GRAZIE! Io non regalo NIENTE

Veramente, se non ti chiudi a RICCIO e mi ascolti una SOLUZIONE c'è ed è quella di rivolgersi al mercato immobiliare internazionale, cioè provare a vendere CASA ALL'ESTERO.

Non ti sono rimaste più cartucce a disposizione per fare fuoco!

AAA cercasi casa senza salotto.

Perché i giovani non ne hanno più bisogno. O almeno così sostiene l'archistar inglese Patrik Schumacher.

Le nuove generazioni cercano spazi abitativi più piccoli. «Tanto i millennial (chi ora ha tra i 20 e i 34 anni) sono sempre fuori casa e vivono una vita frenetica - sostiene Schumacher, famoso in Italia per aver progettato il Maxxi di Roma -. Basta uno spazio abitativo piccolo, pulito e in centro. Come una stanza di hotel».

Non è un'analisi sbagliata, ma neanche del tutto aderente alla realtà.

È vero: con la nostra generazione fluida è morto il mito del salotto come unità sociale minima. Il salotto era quello dei genitori, dove loro chiacchieravano e da cui noi ci tenevamo lontani, preferendo le connessioni a Internet.

Il salotto era anche quello della nonna, con i divani in velluto marrone e la tv color 27 pollici Aiwa usata a mo' di mensola per piccole Tour Eiffel o Colossei di bronzo. Ora non c'è spazio per i souvenir kitsch perché lo schermo è quello piatto del portatile appoggiato sul letto, rigorosamente da una piazza e mezza (guai a chiamarlo «matrimoniale»).

Non serve più uno spazio dove invitare o incontrare gli altri, quando abbiamo WhatsApp. Il divano, se c'è, serve a ospitare gli amici di passaggio o turisti sconosciuti tramite Airbnb o Couchsurfing, servizi di affitto per brevi periodi. In modo tale da fare qualche euro nei weekend.

E così arriviamo alla questione economica. Non è che il salotto non serve, è che molti di noi non se lo possono permettere.

Sempre più giovani vivono lontani dai genitori, spesso in case condivise, con spazi ottimizzati e dal prezzo più alto. In media, un quarto dello stipendio di un giovane sotto i 34 anni va in affitti o mutui.

Secondo l'Istat, poi, un giovane italiano su cinque vive in una casa che definisce «sovraffollata». La grandezza media delle case di tutti gli italiani è 117 metri quadrati, ma gli universitari e persone al primo lavoro nelle grandi città vivono in soli 38.

In conclusione: il salotto non appartiene più né al nostro spirito, né alle logiche immobiliari dei centri delle grandi città.

Certo, è ombelicale credere che sia un problema solo nostro: alla fine chi, negli scorsi decenni, non ha avuto problemi dei tanti coinquilini e dei pochi spazi comuni? Però immersi come siamo tra social network e crisi, tra messaggini e contratti a tempo, siamo noi la generazione che più di tutte dice addio a questo spazio. Negli Anni 70 era luogo di dibattito.

Negli Anni 80 ci si ballava schiacciando la moquette multicolor. Negli Anni 90 tutti lo volevano come quello di Friends. O di Un medico famiglia, a seconda dei gusti. Oggi non esiste più, preferito a mini-appartamenti con tavoli cucina reclinabili (oltre all'archistar, l'aveva perfettamente previsto Pozzetto ne Il ragazzo di campagna).

E nel prossimo futuro? Chissà, magari fra cinque anni titoleremo «Ai millennial non serve più la cucina». E fra dieci? «Ai giovani piace dormire in piedi».

"NON VENDERE CASA! LI FARAI CONTENTI!"

◆ ◆ ◆

Tu sei in gamba e hai sempre dato il massimo!

Lo so che ti meriti il MEGLIO dalla vita!

Ma devi darti da fare.

Fare questo renderebbe tua MOGLIE felice come una bambina quando riceve in regalo lo zucchero filato al Luna Park sotto casa !

TI è mai capitato di cercare una CASA che volevi a tutti i costi, e poi ti ritrovi che il venditore te ne ha affibbiato un'altra?

Questa tecnica funziona particolarmente bene quando devi vendere qualcosa all'uomo di casa, e sai per certo che sua moglie non sarà per niente d'accordo con il suo acquisto.

Ma questo non era quello che volevi TU!

Ehhh......Si, capita spesso

Questo perché alle persone piace comprare, piu' di ogni altra cosa, ma nello stesso tempo ODIA che gli si venda! Capisco perfettamente che questa cosa ti fa partire prevenuto quando entri in Agenzia con l'intenzione di comprarti Casa.Ma il venditore abile a MARPIONE sa' perfettamente come aggirarti!

E ti propone subito quello che lui ha gia' nel suo PORTA-FOGLIO, nei suoi incarichi a vendere.

Ma sei TU CHE TIRI FUORI IL GRANO!

GIUSTO?

Quindi sei tu acquirente che devi prendere il gioco in MANO e che devi indirizzare la trattativa e fare il tuo GIOCO E come quando la Tua SQUADRA del cuore gioca in CASA

Comandi tu! PUNTO !

E tira subito fuori la tua WISH LIST.Anche se so' che per molte PERSONE è difficile negoziare, specialmente durante l'acquisto di una CASA per la propria FAMIGLIA

La maggior parte delle persone non è abituata a contrattare ogni giorno sui PREZZI! Sai, anch'io ero come te, ma poi ho imparato molto in fretta, perché la vita non fa' sconti a NESSUNO!

cesare antonelli

Quindi tu lo devi FARE!

Fai vedere a tua MOGLIE che sei UOMO e che sei tu che porti i pantaloni e che la proteggerai per sempre.

E vedrai che la VITA ti sorridera'.

Farai BINGO!

E non dovresti aver paura di chiedere un prezzo PIÙ basso. Il peggio che tu possa sentirti dire è: "NO "

Il più delle persone non contratta MAI, neanche quando fa parte del gioco delle parti , come durante l'acquisto di una CASA.

E qui SBAGLI alla grande!

In questi casi i venditori puntano in alto con il primo PREZZO , in modo da avere un margine di contrattazione, come faccio anche io nel mio lavoro! Quindi in qualità di acquirente , se chiedi un PREZZO migliore sei già avanti rispetto a molti altri! Ecco una strategia da provare se non ti senti a tuo agio con la negoziazione: se un prezzo ti sembra ALTO , chiede se la CASA venga scontata a breve.

Se la risposta è SI , continua domandando se puoi ottenere il PREZZO scontato in quel momento! Se non fosse possibile, ritornerai quando sarà ufficialmente in SALDO.

Ma provaci e vedi cosa succede !

E se poi accetta la tua proposta e ti dice SI?

Chiedere un prezzo PIÙ basso e sentirsi dire di NO è

un buon esercizio, anche se non riuscirai a migliorare la situazione! Non sto dicendo che è FACILE, ma che si può fare

La cosa importante per TE è portare a casa l'affare .Anche se LORO non VOGLIONO!

Concludilo SUBITO ! NON importa altro !

"E POI È ARRIVATO IL METODO PIU DIFFICILE DA SEGUIRE, CHE PERÒ TI FA VENDERE CASA IN 90 GIORNI"

Avevo sempre SOGNATO di "costruire qualcosa di enorme che avrebbe fatto la differenza".

E ORA avevo il mio sogno tanto sognato, ma purtroppo non sapevo come realizzarlo.

Ma finalmente dopo tanto lavoro e sacrifici, la GRANDE svolta, avevamo un METODO di VENDITA potentissimo, che TUTTI avrebbero voluto.

IL CONTRARIO DI TUTTO QUELLO CHE LA CASTA DEGLI AGENTI IMMOBILIARI TI HA SEMPRE DETTO FIN D'ORA, TUTTO QUELLO CHE NON TI HANNO MAI RACCONTATO

"Se vuoi pescare, PENSA come un pesce".........

A tutti i proprietari in italia di CASE di campagna con terreno interessati a capire come vendere di più, più facilmente, a prezzi più alti ed evitando sistematicamente i clienti peggiori.

Perché i tuoi CLIENTI non comprano?

Perché rimandano, accampano scuse e poi spariscono nel nulla?

C'è un errore di base che viene molto frequentemente commesso da tantissime persone che vogliono VENDERE CASA VELOCEMENTE AGLI STRANIERI . Un errore che costa loro soldi, tempo ed energie. La possibilità che anche tu stia commettendo questo errore è decisamente alta.

Ma abbiamo il rimedio. Che ti consentirà di attrarre facilmente nuovi CLIENTI, aumentare il volume medio per ciascun cliente, filtrare solo i clienti che vuoi tu e aumentare i profitti.

Caro collega VENDITORE

sai qual è la disciplina più importante per ottenere ricchezza e SUCCESSO ? Prova ad indovinare..

No, non è la speculazione finanziaria. E nemmeno il marketing in quanto tale.

La disciplina regina della ricchezza è la STRATEGIA di vendita, un METODO che ti permetta di vendere nel modo più veloce e facile possibile

I più grandi investitori del mondo studiano e applicano un METODO di VENDITA . I più grandi marketer del mondo studiano un METODO . Ed anche gli scrittori più famosi adottano un METODO INNOVATIVO PER VENDERE

Tu? Ti sei mai interessato/a di VENDITA DI SUCCESSO ?

No? Allora clicca subito sotto e ci vediamo a casa tua, ovunque tu abiti, per decidere la STRATEGIA di vendita

https://www.homeforsaleitaly.com/.../non-riesci-a-vendere-cas...

NON sognare a occhi aperti come ho fatto io, sai, di sberle ne ho prese tante e pesanti

Tu sei uno che merita tutta la.mia FIDUCIA, e se ti fidi di me faremo una grande vendita INSIEME

Cesare

Vendere Casa a Stranieri online

*Gli stranieri continuano a
scegliere l'Italia. La domanda*

*di acquisto di un immobile
nel Belpaese cresce ancora nel
2018 e si attesta a +8.38%.*

Questo è il risultato del report annuale del 2018 del portale Gate-away.com, che monitora richieste provenienti da oltre 150 paesi, nel periodo 1 gennaio – 31 dicembre 2018, paragonando il risultato con lo stesso periodo dell'anno precedente. Il sito è tradotto in 10 lingue, le proprietà pubblicate superano le 30 mila e sono 1 milione e 500 mila gli utenti che hanno navigato sul portale, +12,68% rispetto al 2017.

I Dati di Gate-away.com per il 2018

Prime in classifica tra le regioni con più istanze sono Toscana, regina indiscussa da anni. La Puglia supera la Lombardia (che scende al terzo posto) e diventa seconda. Poi ci sono la Liguria e l'Abruzzo, che balza al 5° posto (era al 7° nel 2017) registrando un +28.14%. A seguire la Sardegna, la Sicilia, il Piemonte, l'Umbria e una sorprendente Calabria che con un +45.23% per la prima volta entra nella classifica delle prime 10 regioni.

Il valore medio dell'immobile per gli stranieri è 352.456 euro. È infatti aumentata la richiesta verso una fascia di prezzo che va da 0 a 100 mila (+16.6%) e dai 100 ai 250 mila (+14.98%).

Il compratore tipo ha un'età compresa tra i 55 e i 64 anni, un elevato titolo di studio e cerca mediamente proprietà indipendenti e pronte per essere abitate.

Se la prima nazione nel 2017 è stata la Germania, questo 2018 ha visto un aumento consistente di istanze provenienti dagli Stati Uniti (+30.51%), che sale al primo posto, e del Regno Unito, che con una crescita del 18.26%, si guadagna la seconda posizione. Scende, invece, al terzo posto la Germania, poi abbiamo l'Italia (richieste di utenti stranieri mentre sono in Italia), la Francia, l'Olanda, il Belgio, la Svezia, la Svizzera e il Canada.

EFFETTO TRUMP, RISCHIO BREXIT

"Una considerazione su questo, la possiamo fare. Le richieste verso l'Italia nel 2018 – commenta il General Manager della Gateaway.com, Simone Rossi – sembrerebbero essere influenzate dalla situazione politica dei paesi di provenienza dei richiedenti. È probabile che proprio "l'effetto Trump" e il rischio Brexit abbiano contribuito a far crescere le istanze dagli Usa e dalla Gran Bretagna. Gli investitori sono condizionati dall'incertezza politica soprattutto quando realizzano il sogno di acquistare una casa.

I dati contenuti nel nostro report confermerebbero che l'Italia, per americani e inglesi e non solo, attualmente rappresenta un porto considerato stabile e affidabile per investire e trasferirsi. Ma vorrei ricordare che l'eventuale incertezza politica del nostro paese potrebbe diventare un problema. Anzi, posso confermare che è già successo".

Timore Italexit

Se a inizio anno 2018, a gennaio e febbraio, le istanze si erano attestate a +49,31% (rispetto agli stessi mesi del 2017), con l'avvicinarsi delle elezioni, la richiesta di immobili da parte degli stranieri era cominciata a scendere. Infatti nei 3 mesi di marzo, aprile e maggio, l'interesse verso il patrimonio immobiliare italiano si era attestato complessivamente a +5.38%, ma, a maggio, a elezioni concluse e con la vittoria di coloro che si definivano "antieuropeisti", la Gate-away.com ha registrato un -7.81%. Solo con l'arrivo di giugno, quando il rischio dell'uscita dall'Euro è parso accantonato, il trend è ricominciato a crescere (+0.91).

"Dai dati in nostro possesso – continua Rossi – si evidenzia come la conferma di una collocazione europea dell'Italia tranquillizzò gli investitori stranieri. La posta in gioco nelle scorse elezioni è stata molto alta e aveva generato un'incertezza tra i possibili compratori esteri, per i quali, investire in una seconda casa in un'Italia dal futuro monetario incerto, sarebbe stato rischioso".

Che l'Italia possa essere considerata all'estero come un'opportunità, lo stanno comprendendo sempre di più agenti immobiliare che si rendono conto del grande potenziale di questo mercato, che non è alternativo ma complementare a quello locale.

" IL MIO METODO È LA DIMOSTRAZIONE DI QUANTI VANTAGGI E BENEFICI AVRAI IN SOLI 90 GIORNI "

IO SARÒ SEMPRE DALLA TUA PARTE E NON TI AB-BANDONONERO'

Ci sono venditori di case in CAMPAGNA o fuori dai centri abitati che abbassano troppo i prezzi e che non possono più sostenere i ribassi continui da 30 mila EURO

Perché quelle case sperdute nei borghi più belli d'Italia, o sei BRAVO a venderle a Clienti Esteri oppure te le tieni tutta la vita sul GROPPONE

A questo punto però tu hai due strade davanti a te

Puoi continuare a pensare che i clienti arriveranno da soli, perché sei bravo e lavori bene metti il cartello "VENDESI " al balcone e sei più FURBO di tutti perche non paghi mediazione a nessuno

Puoi pensare che "una buona qualità a prezzi convenienti" sia il modo migliore per vendere la casa di proprieta al miglior offerente anche se ti smeni 30 MILA EURO ogni volta

Oppure puoi decidere di vendere Casa a Clienti Esteri online

Cosa aspetti a goderti I TUOI SOLDI e tutto questo ben di Dio?

PRIMA IL DOVERE,
POI L'AMORE

Se in questo momento non ti senti appassionato al tuo lavoro, guarda con attenzione a quello che stai facendo.

C'è qualcosa delle attività che fai già che ti interessa in modo particolare?

Hai qualche passione che potrebbe abbinarsi al lavoro che fai già adesso?

Nella maggior parte delle professioni non uscirai mai dai piani "bassi" della azienda dove lavori, per ricoprire quella posizione che sembra così stimolante se prima non mostri un pò di passione.

L'entusiasmo deve venirti da dentro.

Non puoi aspettare che il mondo ti regali il lavoro della tua vita!

Devi TU impegnarti e trovare la grinta giusta e la determinazione necessaria per ambientarti e per farti fare strada, verso una carriera che imparerai ad amare.

E se farai il lavoro che ti' dà passione e che ti fà alzare tutte le mattine con il sorriso e la voglia di intraprendere, allora hai fatto bingo, perchè avrai la sensazione di

non avere mai lavorato neppure un giorno, tanta forte è la passione e il coinvolgimento in quella che ami fare.
Il tuo lavoro!

SO CHE ANDIAMO TUTTI IN UFFICIO PER LA BUSTA PAGA

Il denaro motiva anche me

Quando ero più giovane facevo qualsiasi cosa per costruire un'attività che potesse sostenere la mia famiglia.
Oggi lotto per rendere quell'attività più solida possibile, in modo che possa mantenere le famiglie dei miei figli e dei miei dipendenti.
Ma se lo stipendio è l'unica cosa che la mattina ti spinge ad alzarti dal letto, hai un grosso problema!
Dopotutto la busta paga che ricevi dipende dalla passione che metti in quello che fai.
Sono emozionato quando concludo affari importanti, che sia di 5 mila euro o 50 mila euro, perchè adoro e amo

il brivido che mi dà avercela fatta.

Anche tu devi fare tutto il necessario per rendera la tua vita e il tuo lavoro motivanti.

Quando diventeranno noiosi, perderai interesse, sarai passivo, perderai emozioni e passione e perderai.

Stanne certo!

Ma se invece cerchi e sfrutti i cambiamenti nel lavoro, se trovi i modo per stabilire un contatto con le persone e se ti impegni per dare sempre il massimo, imparerai ad amare quello che fai.

Il fatto di non sapere cosa mi riserva il futuro rende emozionante ogni mattina, ogni risveglio!

Cerca idee ovunque

Avere un atteggiamento che non si pone limiti significa anche cercare idee ovunque si possano trovare, persino in campi diversi dal tuo.

Sarebbe un buon modo per distinguerti dal tuo concorrente.

Per esempio in una trattativa difficile con clienti stranieri provenienti dagli USA, abbiamo deciso di coinvolgerli maggiormente regalando loro un video fatto in visita ad un bellissimo casale in Umbria, mentre li stavamo intervistando, creando così maggior empatia e rendendoli così partecipi e protagonisti assoulti dell'evento.

Quindi per differenziarti dal tuo concorrente e per dare un'esperienza migliore, cerca ovunque spuni da mettere in pratica nella tua azienda.

Sarà fantastico!

IMPARA A NEGOZIARE

Regola n*3

La negoziazione è parte di ogni "business".
Non importa quale sia il tuo lavoro, devi essere in grado di vendere, che tu offra un servizio , un prodotto, o un idea, o te stesso!
Ma devi sapere anche come comprare, che si tratti di materie prime, di servizi o altro.
E l'affare lo fai sempre quando compri!
Sempre, ricordalo!
Ti svelerò alcuni segreti che ho appreso in tanti anni.

-non giudicare il cliente
-un bravo venditore è un bravo intrattenitore
-concentrati su chiudere l'affare
-racconta storie emozionanti
-dimentica i tuoi sentimenti durante l'acquisto
-male che vada ti dirà "NO"

Ho imparato a fare affari da mio padre.

Io lo vedevo come anziano, anche se rapportato ai tempi nostri non lo era affattto.

Era una persona che si era fatto tutto da solo, con dedizione e sacrificio

L'ho visto tante notti girare per casa cercando di risolvere e di pensare a come sbrigare i casini del giorno dopo.

Ho visto anche tante "cambiali da pagare ai creditori".

Oggi putroppo i giovani non sanno cosa sono, ma vi posso garantire che negli anni difficili in Italia erano di uso quotidiano.

Ci si faceva "credito" in questo modo, e tanti hanno costruito le loro fortune in questo modo.

Era la fiducia nelle persone a darti credito, quindi a fidarsi delle tue capacità.

Ma è morto troppo giovane e da ormai troppi anni, e vi assicuro che crescere e imparare il mestiere della vita senza un genitore che ti guida e che cerca di non farti commettere errori è difficile e potrebbe compromettere per sempre il tuo futuro.

Quindi se avete ancora i vostri genitori "vivi" e vegeti, chiedete e fategli più domande possibili.

Sfruttateli fino alla sfinimento finchè potete, perchè solo i genitori saranno sinceri e vi diranno sempre la verità!

La loro esperienza sarà estremamente preziosa, e i loro consigli utili, e sinceri vi daranno indicazioni utili e preziosi per districarvi al meglio nel difficile mestiere della vita.

Perchè la vita vi sballotterà sempre.

Quindi siatene consapevoli e preparatevi!

ASSUMI SOCI, NON DIPENDENTI

Regola n* 4

Se i tuoi dipendenti non sono all'altezza, i tuoi affari ne soffriranno tantissimo.

Quindi se vuoi che la tua attività continui a crescere, devi incoraggiare i tuoi dipendenti a fare sempre meglio.

Il problema sta nel fatto che non puoi obbligare un impiegato a tenere alla tua azienda nello stesso modo in cui ci tieni tu.

Se fai il dipendente, puoi distinguerti e sentirti orgoglioso di far parte di una grande squadra, anzichè concentrarti sulla busta paga.

Ma se tu sei il manager, come puoi ottenere il massimo l'impegno che desideri dai tuoi collaboratori?

Io ho sempre cercato un approccio diverso .

L'esperienza mi ha insegnato che un'azienda di prim'ordine non ha bisogno di impiegati, ma di soci, persone che mettono tutte se stesse nel lavoro, come faccio io.

E' una cosa che puoi ottenere solo se tieni con comportamenti amichevoli, che non vuol dire essere amici.

Intendo che devi formare le persone ad avere successo in un sistema che incoraggia il lavoro fatto con dedizione e sacrificio.

Cerco di guardare i miei impiegati come soci, e so che un atteggiamento di parutà deve partire da me.

Non chiederei mai a uno di loro di fare qualcosa che non vorrei fare io stesso, e ci sono poche cose che non farei o che non ho già fatto.

Dimostrare ai tuoi collaboratori che ti importa di loro come persone ti aiuterà a fare in modo che a loro interessi sempre più della tua attività.

COSA CI
GUADAGNO?

◆ ◆ ◆

La cosa che più stressa le persone è quando sembra che hai persone veramente interessate alla tua casa, me che però nonostante l'interesse ricevi offerte molto al di sotto di quello che ti aspetti valga sul mercato.
Questo succede molto spesso e si può spiegare!
Quanti soldi stai perdendo perchè non fai le cose nel giusto modo? Per prendere fino all'ultimo euro dal tuo cliente non devi sbagliare o per lo meno cerca di fare meno errori che puoi.
Il problema è che in questo momento non hai nessun strumento o metodo per capire quante probabilità hai

davvero di vendere la tua casa, senza svenderla, realizzando così il maggior prezzo di mercato.

Eh si perchè torniamo sempre al punto di partenza che è la base di ogni trattativa.

Il prezzo lo fà il mercato e non tu.

Tu inizialmente fai una richiesta, quella che secondo te è la più vantaggiosa. Dall'altra parte il cliente che vuole acquistare farà la sua offerta chiaramente più bassa della tua richiesta, lasciando così un margine di trattativa ad entrambi.

Ma poi devi tenere in considerazione che è il cliente che deve farti una proposta che tu puoi rifiutare o accettare.

Ma se accetti la proposta del cliente che vuole acquistare casa tua e se l'assegno allegato alla proposta come caparra è di tuo gradimento, puoi tranquillamente controfirmare la proposta per accettazione.

Una volta che tu hai firmato per accettazione si forma il prezzo e la proposta diventa un vero e proprio contratto che si può anche definire preliminare.

Quindi a meno di repentine novità o accadimenti che possono capitare a chiunque la tua casa è venduta.

IL MERCATO
IMMOBILIARE

Sicuramente gli anni 2005/2006 sono stati gli anni migliori per il settore immobiliari.

Sono stati momenti e anni fantastici che difficilmente si ripeteranno sicuramente non a breve termine. Sono stati tanti i fattori che hanno determinato questa corsa all'insù dei prezzi delle case

Primo fra tutti la grande disponibilità di credito concessa dalle banche a chiunque voleva acquistare mutui e tassi favorevoli alle famiglie. Secondo motivo tutte le persone si potevano permettere un mutuo questo perché le persone lavoravano tutte nessuno escluso. Terzo motivo alle banche bastava l'ipoteca sull'immobile...era sufficiente garantire l'immobile che compravi con l'ipoteca. Quarto motivo le banche ti finanziavano tutto mobili, arredi, spese notarili. Bastava solo alzare la perizia e il gioco era fatto, tutto alla luce del sole e in piena legalità, perché erano le stesse banche a consigliartelo così ti potevano alzavano la rata

Ma c'è sempre il rovescio della medaglia

Tutto questo vendere case a tutti i costi e a qualunque prezzo ha fatto sì che i prezzi gli immobili aumentavano continuamente facendo crescere la Bolla Immobiliare.

Ma nonostante il calo delle compravendite tutto questo è continuato ancora per tanti anni fino ad arrivare al 2008/2009. La gente però se ne è accorta dopo! La maggior parte delle persone si è resa conto del calo del mercato immobiliare dopo il 2008. Solo a distanza di molto tempo le persone hanno capito che il gioco era finito. La così detta "Bolla Immobiliare" si era sgonfiata, infatti a seconda delle zone i prezzi reali degli immobili, cioè quelli pagati realmente dalle persone e non quelli che pubblicizzano le Agenzie sono iniziati a scendere precipitosamente.

Il mercato reagisce con due anni di ritardo. Il mercato sia quando sale che quando scende non è immediatamente reattivo alle dinamiche dei prezzi. Solitamente ci vogliono 2 anni per accorgersene, dico questo per le persone che non si occupano di questo settore. Gli Agenti Immobiliari lo "sentono" il mercato tutti i giorni e quindi sono in grado di azzardare ipotesi riguardo all'andamento dei prezzi. Ma quindi conviene vendere Casa adesso?

La cosa che mi sento di consigliare è SI, conviene vendere adesso. Le case si venderanno sempre un po' come le auto e tutti i beni di prima necessità. La cosa più difficile da capire è quanto vale il tuo immobile oggi. Se io voglio vendere casa domani quanto posso prendere? E'la domanda che mi fanno in molti. Sicuramente il numero delle compravendite può subire un rallentamento, ma le case si venderanno sempre come ho detto prima. Perché agli Italiani piace avere la Casa di proprietà.

E' un fattore tutto italiano, perchè all'estero non è così. Molte case rimangono invendute perché il proprietario non vuole allinearsi ai valori di mercato. Per aiutare tutti quelli che in questo momento vogliono vendere casa oppure vogliono acquistare, ecco alcuni consigli pratici che mi sento di dare per portare a buon fine una buona transazione alle migliori condizioni di mercato

VENDO DA SOLO
O CON AGENZIA

Sicuramente tante persone amano poter vendere la propria casa da soli

Le persone vedono il costo Agenzia come un costo senza capire invece che è un servizio completo come un investimento un surplus. E devo ammettere che a volte hanno pienamente ragione. Ci sono Agenzie ottime che si meritano tutta la mediazione per il lavoro svolto ma ce ne sono tantissime altre che non valgono il prezzo speso in commissione.. Come in tutti i settori c'è il buono e il cattivo...

Prova però a pensare quanto ti costerebbe uno sbaglio nella vendita della casa. Ci sono regole da rispettare, documenti da esibire e redigere. Sei sicuro che puoi fare tutto in regola? I Professionisti sono assicurati se sbagliano. Sei sicuro di poter condurre una trattativa di vendita? Ne hai fatte altre negli anni? Sai scrivere o redigere un'offerta o un preliminare di vendita? Sai come impostare i pagamenti in modo che il pagamento della tua casa sia sicuro?

Le problematiche come vedi sono tante e credimi che un buon professionista che ti chiede il 3%, è questa di solito la commissione che viene chiesta, ha tutte le professionalità e competenze per meritarsela!

Primo consiglio fra tutti, se scegli di vendere da solo segui i consigli che ti sto dando in questo libro, semplice e facile da seguire su come vendere casa. Sono solo prime informazioni che ti sto dando per iniziare a conoscerci meglio.

Secondo consiglio ...tutte le persone che scelgono invece di affidarsi a un buon Agente Immobiliare devono chiedere al professionista scelto per la vendita espressamente di preparare un buon piano di vendita e marketing con tutte le iniziative che intende adottare per vendere la tua casa.

Terzo consiglio che ti dò è quello di chiedere se l'Agente che sceglierai lavora in Team con altri Agenti, perché più il tuo immobile verrà condiviso con altri e più veloce sarà la vendita della casa.

Quarto consiglio ricordati che il "prezzo" lo fa il mercato che non è altro che l'incontro fra domanda ed offerta una volta bastava mettere in vendita qualsiasi casa ed era subito venduta! Ma adesso non è più così! Credimi!

"SARO' SINCERO CON TE! ECCO LA TUA GRANDE OCCASIONE "

Quando ho iniziato a vendere case in campagna o fuori dai centri abitati, in italia a stranieri, una delle cose più difficili che ho dovuto superare è stata l'approccio con persone di lingua madre diverse da noi.

Con poco da investire e nessuna esperienza, ho affrontato le stesse difficoltà che la maggior parte delle persone affrontano quando affrontano nuove sfide nella VITA.

Se hai mai LOTTATO con sacrificio e dedizione sei nel posto giusto.

E io sono qui per AIUTARTI

Questo perché ho sviluppato un nuovo sistema di Vendita più potente che renderà la tua vita molto più FACILE

Se lavori per te stesso e stai lavorando più duramente di quanto desideri, allora questa nuova TECNICA che ti permetterà una svolta che ti interesserà direttamente

Ma se hai un problema di vendere casa VELOCEMENTE

allora semplicemente non puoi permetterti di lasciare questa pagina

Se sei preoccupato per il FUTURO sull'aumento dell'inflazione e sui fattori che determinano un'economia così in crisi, ho alcune idee che dovresti prendere in seria considerazione.

Se sei pronto per VENDERE o se hai appena iniziato, questa è la tua occasione per sapere finalmente ciò che realmente serve per Vendere al meglio la tua CASA che nessuno vuole più comprare in Italia, e ottenere tanti vantaggi nella Vendita della tua casa in italia Agli stranieri

Ma se sei stanco di trascorrere ore infinite in cerca di clienti STRANIERI ansiosi di venire in Italia con i SOLDONI per comprare la tua casa che nessuno vuole più in Italia, allora clicca QUI sotto e lasciaci tua MAIL

Ti svelero' i più grandi SEGRETI tenuti nascosti da secoli e che nessuno ti svelerà mai

https://www.homeforsaleitaly.com/contatti

NON E' MAI
TROPPO TARDI

◆ ◆ ◆

Molte persone che vogliono vendere pensano che ormai
sia troppo tardi cercare di vendere casa, pensano di essere stati preceduti dal loro vicino di casa che ha già venduto svendendo la propria casa.

La prima impressione è quella che avendo svenduto
hanno svalutato e buttato giù letteralmente il prezzo di
mercato di quella zona.

In effetti tutto questo è vero

Hanno ragione!

Ma tu come puoi fare?

Ti spiego come si può risolvere questo problema che as-
silla tante persone.

Ti spiego prima di tutto quello che stiamo facendo noi
con il nostro lavoro!

Il nostro gruppo di lavoro è formato da tantissimi e bravi Agenti Immobiliari sparsi in tutta Italia.

Perchè ti dico questo!

Hai mai sentito parlare di Vendere casa agli Stranieri?

Questo tipo di vendita sta assumendo grande popolarità e sono sempre più numerose le persone che si rivolgono a noi per vendere la propria casa.

Gli stranieri, parlo di Russi, Americani, Olandesi, Svizzeri ed altri ancora, amano profondamente l'Italia.

I nostri Borghi storici, le nostre case in Campagna, al Mare, o in Montagna, fanno letteralmente impazzire i clienti stranieri desiderosi di venire nel Bel Paese a trascorrere le loro vacanze o la loro pensione.

Dall'altra parte in Italia abbiamo tante seconde case non utilizzate o poco utilizzate, facendo così decidere i proprietari, loro malgrado perchà era la casa dei nonni o dei genitori con tanti ricordi della loro infanzia, di vendere i loro immobili.

Lo stile italiano, con case in pietra, pavimenti in cotto e con abbellimenti risalenti agli anni '50, camini in marmo, travi in legno ai soffitti, sono particolari che caratterizzano in modo esclusivo l'Italia,.

Queste case molto affascinanti stanno diventando grandi opportunità per le persone che vogliono vendere casa, ma che nello stesso tempo vogliono realizzare un buon prezzo senza dovere necessariamente svendere.

Se vuoi un nostro parere contattaci e un nostro incaricato verrà a casa tua per consigliarti al megli per la vendita. Lasciaci un messaggio al nostro sito.

www.homeforsaleitaly.com

"SEI UNA PERSONA CURIOSA E VUOI SPERIMENTARE COSE NUOVE ?"

VUOI SAPERE SE LA TUA CASA HA LE CARATTERISTICHE GIUSTE PER UNA VENDITA VELOCE A CLIENTI STRANIERI?

Ti svelo un segreto che forse non sapevi ma che ti cambierà sicuramente la vita

Devi riconoscere che in qualcosa stai sbagliando se ancora non hai venduto e quindi devi essere consapevole che dobbiamo investire insieme io e te , perche da solo non VENDERAI mai

lo ripeto sempre da tanto tempo, ma non mi stancherò mai di ribadirlo a voce alta

Il mercato immobiliare è cambiato, il mondo è cambiato , e indietro non si torna più

Ci sono case che non si venderanno mai più, questi sono immobili che vanno pubblicizzati molto bene, e che hanno una grande richiesta da clienti ESTERI

Per gli stranieri l'Italia rappresenta il sogno da realizzare , il paese dove vivere con la famiglia, il paese dove la vita è più addolcita da ritmi meno stressanti e il paese dove fare una passeggiata al sole gustando un buon gelato fatto in casa

Ma da solo non vai da nessuna parte , da solo non VENDERAI MAI, da solo sei sconfitto in partenza

Ma io sono qui per aiutarti a realizzare il tuo sogno di vendere casa VELOCEMENTE al miglior prezzo di MERCATO AGLI STRANIERI, tutto quello che ti chiedo è di fidarti di me, almeno provaci, e di investire con me

https://www.homeforsaleitaly.com/contatti

Se non fai niente non otterrai mai niente , ma se investiamo insieme noi due, sta sicuro che la casa la vendiamo, questo lavoro richiede competenze e sacrificio e io sono il primo a metterci la faccia, ma tu devi starmi vicino ,perché ho bisogno di te e del tuo aiuto

Non perder altro tempo e non esitare ulteriormente, perché il tempo è denaro e noi due non possiamo perdere questa ulteriore possibilità importante per Vendere casa agli Stranieri

Adesso quello che devi fare è Cliccare

qui sotto e lasciare i tuoi dati, verrai richiamato subito

https://www.homeforsaleitaly.com/contatti

Valuteremo io e te insieme una vendita veloce a stranieri ,sono disposti a pagartela bene e sono molto RICCHI

https://www.homeforsaleitaly.com

Ti aspetto

cesare antonelli

Cesare

"SEI CORAGGIOSO E DETERMINATO FINO ALLA VITTORIA FINALE ?"

Immagina di aver camminato in avanti per tutta la vita e all'improvviso viene fuori una ricerca scientifica che rivela che cambiando e camminando al contrario, la tua vita può improvvisamente migliorare.

Diventi più alto, dimagrisci, i tuoi problemi spariscono, diventi più giovane e via dicendo.

Le persone che ci hanno già provato confermano. È tutto vero. Tutti ti dicono che sarà tutto meraviglioso quando lo farai.

Devi solo trovare il coraggio per farlo

Nonostante questo, tu non ce la fai, intorno a te non lo fa nessuno, le persone ti guardano come un pazzo scatenato

quando ci provi, ti dicono che non serve, che noi abbiamo sempre camminato così, non c'è bisogno di cambiare e tu piano piano desisti...

Non arrenderti mai e non fare stupidaggini, guarda
sempre avanti e non ti curar di loro, sono persone medi-
ocri e non hanno le palle per cambiare

È la stessa identica cosa che succede a chi mi segue e
a chi lavora con me seguendo il Metodo Vendere Casa a
Stranieri

Applicare un metodo preciso e smettere di fare vendite
"alla vecchia maniera" attirerà su di te critiche, lamentele e ti farà circondare da persone che storcono il naso,
che proveranno a metterti il bastone fra le ruote e che
non sono d'accordo.

Se così non fosse, tornando a casa tutti ti accoglierebbero
come Spartacus eroe dalle mille battaglie e non ci sareb-
bero agenti immobiliari che testardi lavorano ancora
"alla vecchia maniera" e non troveresti nessuno pronto a
seguirti in battaglia

Ma per fortuna però non è così.

I risultati ci sono, come conferma Monica Giuliani nelle
righe qua sotto:

"Cesare è una persona seria e un gran professionista. Sa
fare molto bene il suo lavoro

Mi fido al 100%"

I benefici sono senza ombra di dubbio infiniti...
purtroppo in pochi, dopo che gli racconto la mia esperienza nel seguire Cesare, ci credono o mi prendono sul
serio.

Sicuramente il sistema è semplice e complicato allo stesso tempo, sicuramente nella sua complessità, se si fa un
pezzo per volta pian piano si costruisce una macchina da
guerra.

Lo consiglierei a tutti i proprietari di case in campagna che hanno voglia di vendere VELOCEMENTE , il metodo sicuramente funziona, ci vuole tanto volontà e voglia di applicarlo... e bisogna dirlo, anche un po' di coraggio a smettere di fare delle cazzate che non servono a niente e iniziare a vendere diversamente."

Anche Christian Cadamuro non ha torto, e dice che ci vuole coraggio.

Conosco Cesare Antonelli da molto tempo, ora come punto di riferimento per il settore immobiliare consulto sempre lui prima di tutto.

Ottimo professionista del settore.

Anche Monica Fornari pensa che il coraggio sia l'arma vincente per cambiare

Professionalità, Cortesia e Competenza sono le parole giuste per descrivere l'agenzia case di campagna

Bravissimi!

E Monica credetemi ha coraggio da vendere , la nostra Lara Croft

Se tu pensi di averlo, sei deciso a prendere un sentiero lontano dalle solite strade e sei disposto a seguirmi con fiducia giorno dopo giorno nel vendere casa VELOCEMENTE a Stranieri al miglior prezzo di MERCATO allora clicca qui

https://www.homeforsaleitaly.com/contatti

La fuori ci sono tanti stranieri che cercano case di campagna in Italia come la tua , MUOVITI e contattami SUBITO

Io sarò sempre dalla tua parte, a proteggerti

Cesare

Vendere Casa a Stranieri

"ECCO COSA DEVI SAPERE PER VENDERE CASA VELOCEMENTE AGLI STRANIERI "

"E Perché Tante Persone Hanno Difficoltà a Vendere Casa "

Non so se ti è mai capitato di sentire qualcuno lamentarsi che non riesce a vendere casa, era obbligato per forza nel venderla ma non trovava come liberarsene in fretta

Purtroppo è così , lo sai come si dice, quando fai il passo più lungo della gamba ,poi dopo ne paghi le conseguenze pesanti

Ora , è vero che le persone non amano farsi gli affaracci propri, ma per questo io non sopporto quelli che ti parlano alle spalle a prescindere

Ma io sono qui con te è sarò sempre dalla tua parte come

sto facendo con tante persone come te

Molti dei miei clienti italiani per pudore non hanno piacere di mostrarsi e non desiderano che parli di loro e dei problemi che abbiamo risolto insieme vendendo casa VELOCEMENTE al miglior prezzo di MERCATO AGLI STRANIERI

E' un mio dovere aiutare le persone in difficoltà

Sempre e comunque

Qualunque cosa accade e in qualunque momento

Le persone vanno sempre aiutata e noi siamo qui per questo motivo, temiamo bene alla larga da te le persone cattive e malvagie e ti consiglio di farlo anche te, stai alla larga da loro perché perdi solo energie e tempo

Queste persone godono a parlare dei tuoi guai e sono pronti a scaricarti addosso tutta la cattiveria possibile

E hanno il coraggio di sparlare anche quando qualcuno più informato di loro si permette di consigliare come fare per vendere a stranieri le case che nessuno vuole più comprare in Italia, case in campagna o fuori dai centri abitati o isolati che difficilmente si venderanno ancora in Italia

Eh sì siamo un paese di fenomeni e di gente indebitata, ma molto di più

https://www.homeforsaleitaly.com/contatti

Ti dicono mentendo a se stessi che a me non interessa perche"io non voglio vendere" perché non ne ho bisogno ma se volessi, venderei subito

Ehh si ma quando mai ? Credimi si vergognano da morire, nascondono le emozioni e non lo fanno vedere

Se vuoi vendere ma non conosci il mercato immobiliare del tuo paese ,se hai il vicino di casa che rompe tutti i santi giorni con la storia del figliol prodigo che torna al paesello perché in giro ha fatto casini e che sta cercando casa proprio dove stai te e che ti sta quindi facendo un favore a comprare la tua casa e dovresti ringraziarmi, ma per favore chiamami subito

Se vuoi vendere ma non sai le lingue straniere e scambi l'inglese con il nome della zuppa dolce di tua moglie che ti prepara la domenica, chiamami subito

Se vuoi vendere casa VELOCEMENTE al miglior prezzo di MERCATO AGLI STRANIERI mi devi contattare immediatamente , non perdere altro tempo prezioso
https://www.homeforsaleitaly.com/contatti

Non fare da solo perche' vorrei sapere cosa gli racconti alle persone straniere quando ti telefonano o ti chiedono maggiori informazioni sulla casa in vendita

Stai parlando con clienti stranieri e non sai neanche scrivere una mail al cliente che ti contatta e che vuole parlare con qualcuno nella sua lingua madre inglese
https://www.homeforsaleitaly.com/contatti

Se non conosci queste regole fondamentali è meglio che ti metti da parte e fai lavorare quelli capaci e professionali, portare a casa risultati tutti i santi giorni non è una passeggiata

Realizzare una vendita importante con clienti stranieri non è semplice e richiede conoscenze specifiche che tu non hai

Contattaci subito anche solo per un primo colloquio, perché se vuoi fare da solo e sbagli da subito strategia sei già morto prima di iniziare

Ti spiegherò come si fa una proposta di vendita a ricchi investitori e clienti STRANIERI vogliosi di darti i loro SOLDONI alla quale non potranno rifiutare
https://www.homeforsaleitaly.com/contatti

Guarda e impara

Ma io verrò a casa tua e sarò sempre dalla tua parte

Cesare
Vendere Casa a Stranieri

"PER GLI UOMINI E DONNE CHE VOGLIONO VENDERE MA CHE NON SANNO COME FARE "

Le case che continuano a perdere valore in Italia sono centinaia, e il trend non sembra arrestarsi per niente.

Questo perdita incide maggiormente sugli immobili in campagna , fuori dai centri abitati o isolati che hanno pochissime richieste
Lentamente la crisi sembra togliere le forze ai proprietari di case che devono vendere ma non vogliono svendere

Finti guru con sistemi truffaldini attraggono i proprietari in difficoltà, promettendogli mirabolanti vendite e soluzioni ai loro problemi o vendono strane pratiche sul filo della legalità per aggirarti, senza avere il minimo scrupolo

https://www.homeforsaleitaly.com/contatti

Ma niente sembra funzionare.

Le vendite di case crollano e le possibilità di incassare si sciolgono come neve al sole, una dopo l'altra.

Questa è la realtà attuale.

E forse ti viene da pensare "Ma è davvero possibile sconfiggere la crisi di vendere casa? O anche io sono condannato a perire sotto il peso della pressione fiscale italiana e della saturazione dei mercati rischiando di non vendere mai più?"

Purtroppo sì... se non prendi le dovute misure per proteggerti da questi pericoli.

Continuare a pensare di vendere "alla vecchia maniera", vendere case porta a porta o con telefonate a freddo o solo con il passaparola... o peggio...con il solito agente immobiliare che non fa nulla per aiutarti a realizzare il tuo sogno di vendere casa NON basta più

Ma anche affidarsi a " finti guru esperti di feisbuk " per farti consigliare campagne mirate sul mercato estero che però ti dicono "non lo conosco bene e non so come si fa ", non è una saggia soluzione

Se sei nelle mani sbagliate di persone non preparate tutto questo percorso fallirà miseramente perché non sei riuscito a VENDERE in tempo il tuo capitale più importante, la tua casa

https://www.homeforsaleitaly.com/contatti

È questo che vuoi?

Io non credo

Penso, invece, che tu voglia rendere profittevole la vendita della tua casa e che tu voglia uscire dalla crisi il più velocemente possibile, magari attuando strategie e un metodo realmente funzionante per vendere casa Velocemente al miglior prezzo di Mercato a clienti stranieri vogliosi di darti i loro Soldi

Questo è possibile solo se decidi di investire una cifra ridicola rispetto al costo di non vendere casa, tutto questo per non correre il rischio di rimanere schiacciato per mancanza di liquidità, ritrovandoti di fronte ai tuoi familiari che ti dicono chiama subito uno specialista e vendi immediatamente quella casa, perché ti stai mettendo nei guai

Prima di fare cose di cui potresti pentirti clicca qui ⬇

https://www.homeforsaleitaly.com/.../clicca-qui-per-scegliere...

Ma io ti prometto che verrò a casa tua dovunque ti trovi e dopo che ci saremo incontrati la tua vita non sarà più come prima, ti prenderò per mano e ti spiegherò tutti i passi precisi che devi compiere per vendere casa a stranieri nei prossimi mesi, per uscire dalla crisi e massimizzare i guadagni della vendita

https://www.homeforsaleitaly.com/contatti

Lasciami la tua mail e ti contatterò prima possibile

Ci vediamo a casa tua, perché io sarò sempre dalla tua parte

Cesare

Vendere Casa a Stranieri

"MANDA TUTTI AL DIAVOLO, E GODITI LA VITA"

*Ci sono diversi modi, strategie
e tattiche per fare marketing
in maniera efficace ed ottenere
buoni risultati nel vendere
casa a STRANIERI*

Quasi tutte richiedono un sacco di soldi e risorse in termini di tempo e persone e devi sapere parlare con loro in
inglese perché lavoriamo con persone di lingua madre
Ce n'è solo una che ti consente di sollevarti da terra anche
se sei QUASI a zero in banca e non hai accesso a nessuna
fonte di finanziamento.
Vendere Casa a STRANIERI vogliosi di darti i loro SOLDI è
meraviglioso
https://www.homeforsaleitaly.com
Prima di decidere quale strategia di marketing adottare

guardati in tasca.

Spesso l'unica strategia che si può permettere un piccolo proprietario di case italiano è quella di VENDERE da solo o con il tuo AGENTE di fiducia che non accetta l'incarico a vendere perché non vuole perdere tempo con te

Imparare a condividere e a convincere le persone a scambiare denaro in cambio dei propri immobili richiede grande professionalità del venditore e le case vanno pubblicizzati bene ALL'ESTERO in lingua inglese

Inutile prendersi in giro e vendere sogni di gloria.

Per questo mal sopporto gli agenti immobiliari sul territorio italiano alla "vecchia maniera" hanno sempre chiesto la mediazione senza fare nulla che ti potesse aiutare realmente a vendere casa , non hanno mai speso nulla per te

Non fanno neanche una telefonata e non sono mai venuti a Casa tua perché è troppo lontano e devono perdere tempo, preferiscono prendere un incarico di un appartamento sul mare che vendono senza nessuna fatica in 30 giorni Quindi non si meritano di essere pagati

Non sanno vendere e non sanno come si fa una campagna marketing , quindi è una truffa. Una finta scorciatoia per chi non sa vendere.

https://www.homeforsaleitaly.com

Se Ti affidi al tuo agente di fiducia convinto che ti consenta di vendere subito senza faticare e senza spendere nulla e senza minimamente conoscere le basi della disciplina del marketing e del copywriting sei messo male

E ti ritrovi risucchiato in una infinita produzione di contenuti fasulli nei quali finisci solo a dire cazzate, perché dopo un po' non sai più cosa dire.

Quindi ripeti le stesse cose risultando stucchevole e finisci per dare via gratis la tua casa al primo che capita

Da poco ho visto un video nel quale un famoso venditore di case parlava di strategie "miracolose " che richiedevano poche energie e il minimo impegno, da fare comodamente sul divano di casa

Ha venduto a poveri ragazzi l'illusione che per far partire un business di vendita immobiliare basta trovare un argomento ed iniziare a pubblicare contenuti e foto a casaccio senza riguardo per nessuno

E tutto questo con estrema facilità e se per caso a nessuno interessa la zona della tua casa si passa alla vendita di una casa "più facile " e vedrai che prima o poi venderai. Ma la tua casa che nessuno vuole più comprare in campagna ti rimane bloccata per sempre

Mi è venuta voglia di scagliare il Mac fuori dalla finestra.

Un approccio del genere al business immobiliare è quanto di più folle possa esistere.

La cosa peggiore è che li allontana dal concetto fondamentale: come monetizzo la mia casa?

"Business è quando portafoglio si apre" direbbe Boskov, "non quando video viene caricato, visualizzato o likato".

Qualcuno vada da quei poveri ragazzi e gli insegni a vendere

Qualcuno gli insegni l'importanza dell'aumentare la transazione media di vendite l'importanza dell'up sell e come strutturare una sequenza efficace di offerte o di monitorare i report di vendita giornalieri, ma non voglio fartela difficile e mi fermo qui

Questo ti salverà la vita e ti farà vendere casa VELOCEMENTE al miglior prezzo di MERCATO ALL'ESTERO

https://www.homeforsaleitaly.com

Caricare video a casaccio li illuderà semplicemente dell'esistenza di un mondo fatato che non esiste. Non di certo per loro.

Ma tu devi vendere casa VELOCEMENTE al miglior prezzo di MERCATO

Basta vivere nel mito di queste maledette finte agenzie tarocche che ti fanno credere che vanno avanti a suon di finanziamenti e spese , dai che se spendono 100 euro per te è già tanto

Qui non c'è nessun cazzo di business angel

Ci sono solo i 300 euro che hai in banca e da lì devi partire in un modo o nell'altro per cercare di vendere casa a stranieri

Quindi o ti cerchi un lavoro o per il momento rinunci al sogno di vendere casa

Adesso fatti un favore e ti focalizzi sull'imparare l'unica skill che realmente ti permetterà di staccare i piedi da terra: vendere casa da domani mattina, condividendo con persona capaci e competenti che fanno una sola cosa bene, perché per vendere a stranieri devi sapere parlare con loro in modo naturale

E manda tutti gli altri stregoni e finti guru al diavolo, ti prendono in giro, ma se neanche parlano una parola di inglese come pensi che faranno a vendere?

Il tuo obiettivo è quello di Vendere Casa VELOCEMENTE agli Stranieri online è noi lo facciamo bene, perché siamo specializzati solo in questo tipo di vendita

È un approccio di vendita nuovo diverso dai vecchi schemi e devi trattare con persone straniere di altre culture e costumi diversi dai nostri, di altre nazionalità e devi saperci parlare al telefono in lingua madre inglese in modo naturale ,devono sentirsi come se già fossero sa casa loro qui in Italia, perché noi lavoriamo con collaboratori di lingua madre di diverse nazionalità

Lasciaci la tua mail e ti contatteremo prima possibile

https://www.homeforsaleitaly.com
Tutto il resto ti sta solo facendo perdere un sacco di tempo, di soldi ... e ti sta persino impedendo di goderti la vita. Non stai producendo nulla , stai solo CAZZEG-GIANDO.
Muoviti ,perché il tempo è DENARO e passa velocemente
Io sarò sempre dalla tua parte , conta su di me
Cesare

Ci sono solo due giorni all'anno in cui non puoi fare niente: uno si chiama ieri, l'altro si chiama domani, perciò oggi è il giorno giusto per amare, credere, fare e, principalmente, vivere

"Dalai Lama"

*Vivere è la cosa più rara
al mondo.*

*La maggior parte delle per-
sone esiste e nulla più.*

Questo è tutto.

"Oscar Wilde"

◆ ◆ ◆

TROVA PRIMA IL CLIENTE IN"TARGET"

Solo a distanza di molto tempo le persone hanno capito che i clienti che hanno visitato la loro casa non erano per niente interessati all'acquisto.

I perditempo sono quelli che ti fanno perdere energie e poi ti dicono che devo parlare con mia moglie, o con un altra scusa che devo portare anche i miei figli, o che non so se la banca mi dà il mutuo, adesso però non ho lavoro e altro ancora. Ricorda e tieni a mente! Quando un cliente fa un'offerta e il venditore accetta si forma il prezzo!

Non significa che la casa è venduta, diciamo che è un inizio! Se parti con un prezzo molto alto avrai poche persone che vengono a vedere casa ! Se lo tieni medio avrai una buona media di visitatori o acquirenti. Se lo tieni basso avrai tanti visitatori e acquirenti. E qui ripeto quello detto prima   Gli Agenti Immobiliari lo sentono il mercato tutti i giorni e quindi sono in grado di azzardare ipotesi riguardo all'andamento dei prezzi

Comunque tu fai una media delle case vendute vicine alla tua e fai anche una comparazione delle metrature e condizioni dell'immobile. Devi confrontare case simili in tutto e per tutto alla tua! Stessa zona, stessi metri quadrati sia dentro che fuori, stesso garage, stessi balconi, stesso quartiere, insomma una casa identica alla tua! Adesso iniziamo a vedere come farlo sapere agli altri che vendo! Come posso fare conoscere la mia casa? Che pubblicità posso fare?

Conosci il valore aggiunto della tua casa. Prima di iniziare a pubblicizzarla, fatti un elenco dei punti di forza che ritieni possano attirare gli acquirenti. Dei potenziali punti a favore possono essere la vicinanza a una scuola, dei recenti lavori di ristrutturazione, i benefici che sono stati acquisiti nella proprietà, il risparmio energetico di nuovi apparecchi o l'isolamento delle finestre. Evidenzia questi elementi nei tuoi annunci, quando parli con la gente in merito alla tua casa o mentre la stai mostrando. Memorizzali in modo da non dimenticare nulla.

Trova il momento adatto. Sii consapevole del fatto che il

settore immobiliare vede un piccolo aumento nell'attività durante l'estate; la gente preferisce spostarsi quando fa caldo, ed è riluttante a far cambiare scuola ai propri figli a metà dell'anno scolastico. Inizia a mettere in vendita la tua casa in aprile o maggio e continua a promuoverla per tutta l'estate. Se non l'hai venduta nel tardo autunno, ridimensiona i tuoi sforzi e ricomincia più intensamente quando il clima si riscalda di nuovo.

Ricorda sempre di fare visite con clienti SOLAMENTE quando c'è il sole che dà luce alla casa. Niente visite quando piove o c'è brutto tempo!

Prendi le scuse più banali che vuoi, MA NON portare MAI clienti senza sole!

La cosa però che mi sento di consigliare è di usare Internet, Giornali Cartelli al balcone e all'interno del condominio , come si faceva una volta e come si fa ancora, il passaparola ancora va bene oppure prenditi un week end e apri la casa ai visitatori riunisci tutte le visite nel fine settimana e risparmi tempo. La cosa più difficile da fare è preparare il tuo immobile per la vendita   Se tu vuoi vendere casa quali cose devo fare? E'la domanda che mi fanno in molti

cesare antonelli

"IL TUO VICINO DI CASA NON TI VUOLE BENE E TI GUFA CONTRO "

Non so se è capitato anche a te

Una mattina ti chiama il vicino e ti dice che vuole parlarti e che vuole farti un favore

Inizia dicendo subito che siccome siamo amici e conoscenti vuole aiutarti ,ti parla del fatto che sa che devi vendere e tutto fiero di se ti racconta della figlia che si deve trasferire per lavoro e che finalmente ritorna a casa

Ma dice anche , mi raccomando non parlare con nessuno ,perche é un favore che faccio a te e solo a te , sai siamo vicini e dobbiamo aiutarci fra noi

Poi però quando inizi a parlare di soldi e nello stesso momento gli spari il prezzo che tu vorresti realizzare, vedi che la sua faccia cambia improvvisamente colore e espressione

Tu continui a parlare fingendo di non accorgerti di niente e gli dici che il perito della banca ti aveva fatto una perizia sulla casa perché al momento dell'acquisto avevi chiesto il mutuo

Ma mentre tu cerchi di spiegargli il tutto senza preoccu-
parti di lui capisci da subito che il tuo amico "vicino di
casa" sa gia tutto su di te e dei tuoi conti , credo anche che
sia già informato sulla rata che paghi

E a questo punto "il vigliacco" ti dice che sai, c'è la crisi,
che il mattone non è più un bene rifugio e che puo offrirti
al massimo la meta del prezzo pagato da te per acquis-
tarla, ma solo per farti un favore, perche' sai siamo vicini
di casa e dobbiamo aiutarci

Ma lui continua e insiste sul fatto che lo fa solo per aiutarti perché è tuo amico e perché sa che hai bisogno di
vendere

Ecco a queste persone dovresti" sputare in faccia " a
questi sciacalli dovresti dirgli gentilmente di uscire subito dalla tua casa e di non farsi mai più vedere in giro

Non so se è mai capitato anche a te , ma so che prima
o poi qualche tuo "vicino di casa " verrà da te con tono
amichevole per cercare di fregare i tuoi soldi e la tua casa
È quando ti incontrera ti saluterà dicendo " ah, se non
vendi fammi sapere "

È vero che in Italia queste case in campagna o fuori dai
centri abitati o isolati difficilmente si venderanno ancora a buoni prezzi, ma noi saremo sempre dalla tua parte
e ti proteggeremo sempre da tutte le persone che ti gufer-
anno contro

Vendere CASA agli STRANIERI online è l'unica strategia
vincente ed è quella che ti consiglio io, ti prego di ascol-
tarmi e di provare a fidarti di me

Noi ti pubblichiamo l'annuncio della tua casa che nessuno vuole più comprare in Italia sui maggiori portali
immobiliari mondiali per vendita CASE

Il   nostro   obiettivo   comune   è   vendere   casa

VELOCEMENTE al miglior prezzo di MERCATO AGLI STRANIERI

https://www.homeforsaleitaly.com/contatti

Agli stranieri piace molto l'Italia e il "life style" italiano e hanno sempre sognato di vivere la loro vita qui da noi

Una passeggiata al sole , in cerca di souvenir o mangiando un buon gelato è la cosa piu' preziosa ,e il cliente straniero non vede l'ora di trasferirsi definitivamente con la propria famiglia

Sono investitori e persone molto ricche e sono pieni di soldi, non devono fare mutui e quando una casa piace non si soffermano mai al prezzo di vendita

Questo è il mio consiglio, perché le case costano e rappresentano la tua vita e la casa non va REGALATA a nessuno

https://www.homeforsaleitaly.com/contatti

Lo so che nessun AGENTE IMMOBILIARE viene più a casa tua a prendere l'incarico di Vendita, perché non hanno bisogno di lavorare con te e neanche vogliono più perdere tempo con case difficili da vendere , e' molto più semplice lavorare con appartamenti in centro o sul mare che si vendono senza problemi e in poco tempo

Io però vengo a casa tua , e voglio che sei tu a vendere la tua casa e che ci metti la tua faccia, perché tu sei il migliore venditore della tua casa che nessuno vuole più comprare in Italia

GLI STRANIERI apprezzano molto quando il proprietario ci mette la faccia, sono persone che amano profondamente il nostro paese e sono disposti a pagartela bene e la vogliono e subito

Clicca qui sotto e lasciami la tua mail , ti contatterò personalmente

https://www.homeforsaleitaly.com/contatti

Ti aspetto presto, io sarò sempre dalla tua parte e verrò a

cesare antonelli

casa tua
Cesare
Vendere Casa a STRANIERI

"HAI UNA CASA IN CAMPAGNA E NON HAI I SOLDI PER SISTEMARLA?"

Ehh, si è proprio vero chi ha
Il pane non ha i denti.

È un vecchio detto popolare , ma funziona sempre , sempre di moda.
I vecchi detti quello dei nostri padri e nonni sono la saggezza e la vita vissuta
Sai, voglio essere sincero con te , le case costano tanto ad acquistarle e tantissimo a sistemarle.
E lascia perdere a chi ti dice che compra case senza SOLDI 🤣🤣
I SOLDI ci vogliono altroché se vuoi comprare e campare
Ma se hai una casa vecchia in campagna che ti blocca , e che non ti permette di cavarti le tue piccole soddis-

fazioni personali , o portare la famiglia in vacanza, ma chi te lo fa fare a incasinarti la vita.

Lo sai , ci sono tantissime persone straniere che cercano proprio la tua casa che nessuno vuole più, neanche il tuo AGENTE immobiliare di fiducia

NON la vuole perché bisogna sbattersi e di brutto per portare a casa la vendita della tua casa

Ma noi facciamo solo QUESTO

Il nostro lavoro è SOLO vendere case come la tua a stranieri

Non facciamo altro , siamo specializzati in questa nicchia di case

Case per stranieri

E Lo facciamo bene, riceviamo anche tante mail da tutto il MONDO, perché siamo bravi e facciamo questo lavoro con passione

Ti allego questo link, ma ti avverto chiamami subito entro il 15 marzo perché i posti liberi nei portali esteri scarseggiano e questa offerta sparirà per sempre

https://www.homeforsaleitaly.com/.../clicca-qui-per-scegliere...

Devi solo rinunciare a un caffè al giorno per Vendere la tua casa che nessuno vuole più

A presto

Cesare

"HAI UNA CASA IN CAMPAGNA E NESSUNO VUOLE VENDERTELA, NEMMENO IL TUO AGENTE IMMOBILIARE? "

Ahiahiahiahai!

Beh, se le cose stanno così hai un grosso problema.
Perché se neanche il tuo AGENTE di zona non ti prende l'incarico, è perché non vuole perdere tempo con un immobile che lui sa già che non si venderà più
Gli agenti imm non vogliono case impegnative o in posti fuori mano, difficili da raggiungere e che solo dopo anni forse venderannno.
Ma chi glielo fa fare a incasinarsi la vita?

E molto meglio prendere incarichi per l'appartamento di città, che vogliono tutti e che si vende sempre bene
Perché il prezzo non è un PROBLEMA per la casa in città
Ma se tu hai una casa in campagna ,hai un grosso problema è se vuoi ti posso aiutare io!

VENDERE CASA E' PRINCIPALMENTE UN MOMENTO SCELTO DALLE EMOZIONI

Pulisci la tua casa. Non appena decidi di venderla, puliscila da cima a fondo.

Non dimenticare le zone che pulisci raramente, come i battiscopa, le tapparelle, le grondaie e gli infissi delle finestre. Se non hai tempo di impegnarti in una pulizia profonda, assumi una domestica o un'impresa di pulizie.

Una casa pulita contribuirà a mostrare al visitatore o al perito la tua casa sotto una luce migliore e a darle un valore più alto, oltre a renderla più attraente per i compratori.

Dal momento che si tratta di cose con cui hai familiarità, è molto facile trascurare involontariamente alcuni aspetti della pulizia che però non sfuggirebbero agli occhi attenti di un potenziale acquirente. Se vuoi avere la certezza di fare la migliore impressione possibile, considera di spendere un po' di denaro extra per pagare un'impresa di pulizie, almeno per una prima pulizia approfondita. Non sottovalutare il potere di una esposizione a prova di polvere.

Riordina mentre pulisci. Dai alla tua casa un aspetto più spazioso liberandoti di qualsiasi robaccia inutile. Vedrai una grande differenza nell'aspetto dei tuoi armadi, così come nel garage, nel portico e in bagno. Gli acquirenti vogliono sentire che stanno acquistando uno spazio sufficiente, e togliere la maggior parte della tua roba li aiuterà a sentirsi a casa. Se non riesci a sopportare l'idea di eliminare delle cose, puoi spostarle temporaneamente in un magazzino. Elimina difetti, piastrelle rotte, piccole riparazioni, la casa deve essere vuota senza foto o altro, imbianca le pareti, accendi le luci e fai trovare un buon odore in casa ai visitatori.

PERCHE' MOLTE CASE RIMANGONO INVENDUTE

Ricordati che la prima impressione quando il cliente apre la porta di casa è quella che "conta" ed è quella che ti fa "vendere la casa".

Puoi farti aiutare da professionisti del settore fotografico, da arredatori, da architetti o home stager. Per quanto possibile, prima di mettere in vendita la tua casa, fai in modo che sia già pronta per accogliere il tuo acquirente e la sua famiglia. Le persone tendono a essere pigre, specialmente quando si tratta di comprare una casa.

Se avvertiranno la sensazione di dover affrontare lavori extra prima di potersi godere la loro nuova casa, come ad esempio risistemare il giardino o lo spazio esterno, occuparsi della manutenzione del sistema idraulico e/o elettrico o acquistare elettrodomestici aggiuntivi, esiteranno al momento di decidere se comprarla o meno, anche se il resto della proprietà possa sembrare un vero affare. Quindi rendigli le cose facili. Assumi un professionista o una società specializzata in questi progetti, perché la tua casa appaia già pronta per il trasloco. L'obiettivo è quello di ottenere in modo facile e veloce una proposta d'acquisto!

Tieni in cartella o pronto il contratto da far firmare nel caso la casa susciti sensazioni al cliente tali da farlo emozionare così tanto da firmare la proposta. Hai le giuste competenze! Segui questi punti alla lettera se vuoi vendere la tua casa. Ricorda sempre che devi:

* Concludere con la proposta firmata dal cliente

* Capire se è un cliente o visitatore.

* Tenere pronto il contratto per firma

* Mettere il cliente a suo agio e farlo emozionare

* Non parlare sempre bene della casa

* Fare entrare prima Lui come se fosse già casa su

* Se sono una coppia fare in modo che possano parlare da soli in casa

* Chiedere se hanno domande da fare

* Tenere un comportamento amichevole

♦ ♦ ♦

IL PROPRIETARIO DI CASA NON DEVE MAI METTERSI IN MEZZO DURANTE LE VISITE

Sono tutti presenti? Se deve abitarci il figlio è inutile fare la visita con la mamma.

Quando si tratta di mostrare la casa ad un cliente per la

visita del tuo immobile devi necessariamente seguire un sistema di visita alla vendita collaudato

Tu proprietario di casa che devi vendere sei la persona meno indicata per fargli vedere casa. Se rimani fuori dalla visita e fai fare all'Agente Immobiliare ti eviti guai perché potresti dire cose sconvenienti al potenziale acquirente di casa tua.

Non elogiare troppo la casa e fate entrare per primo il cliente, come se fosse già a casa sua! Ricordi quello che ho detto prima? La vendita è prima di tutto un fatto emotivo.Se non emozioni non vendi. Guarda per rendertene conto la pubblicità delle nostre televisioni. Sono attimi brevissimi, e una volta passato è finito! Come si dice? Cogli l'attimo! Quindi Il tuo obiettivo è ottenere una proposta di acquisto al giusto prezzo e condizioni. Cerca di capire se è un visitatore o un vero acquirente.

Non vantarti della casa, ma fai solo domande al cliente e cerca di capire le sue esigenze o chiariscili i dubbi che può avere. Per concludere fai che sia LUI a scegliere la casa senza dare l'impressione che sei invece TU a vendergliela. Non farti seguire la casa da tante agenzie immobiliari! E'sbagliato!

Prendi il migliore e se vuoi vendere con agenzia collabora con lui per determinare il miglior prezzo da richiedere, non si possono vedere sui maggiori portali di annunci immobiliari case con 5 o 6 prezzi differenti, segui le sue indicazioni, perché lui è un professionista, e sicuramente conosce il mercato meglio di te!

Tieni in considerazione la situazione del tuo quartiere.

Se il quartiere sta vivendo un miniboom di forti vendite residenziali, queste operazioni possono aumentare il valore della tua casa. Al contrario, se il quartiere ha molte case invendute o pignorate, il valore della tua casa diminuisce.

Prova ad aspettare a mettere il tuo annuncio, in modo che non venga influenzato da altre vendite in difficoltà. Per esempio, nella maggior parte delle zone, una vendita analoga alla tua può remare contro i tuoi interessi anche dopo 90 giorni che la transazione è stata completata. Potrebbe valere la pena di aspettare un paio di mesi prima di mettere in vendita la tua casa, se puoi farlo a un prezzo superiore.

● ● ◆

LA MIA CASA E'
COME NUOVA,HO
IMBIANCATO
PROPRIO IERI E

SOPRA DI ME ABITA IL PROF. ROSSI

N on dire mai queste frasi senza senso e che non interessano a nessuno...tranne il tuo ego!

NON dirle perché al cliente NON interessano anzi è meglio se prima della visita la casa la spersonalizzi...il cliente riesce meglio a vedere dove sistemare le sue mobilie o quadri...e si rende subito conto degli spazi che ha a disposizione. Fai tutto quello che ho elencato qui! Fai un po' di Marketing e forza e coraggio, e vedrai che i clienti arrivano. Se hai bisogno di vendere in fretta, prova a individuare un gruppo di investitori che acquistano immobili con scopi speculativi. Potrebbero offrirti meno denaro rispetto al valore di mercato, ma sarai in grado di vendere velocemente.

Mai mentire sui difetti dell'immobile, cerca di essere chiaro e trasparente, esiste una proposta per una legge sull'informativa della proprietà che potrebbe imporre ai venditori di elencare tutti i difetti della casa. Se non conosci dei difetti o cerchi di nasconderli, puoi rischiare di perdere la vendita e ritrovarti in tribunale.

Se hai intenzione di apportare dei miglioramenti prima di vendere, scegli con saggezza. I tre interventi più importanti che possono rivalutare il prezzo della casa sono la cucina, il bagno e gli infissi. Non prestare molta attenzione al giardino o altri miglioramenti estetici.

Se stai cercando di pubblicizzare la tua proprietà sul web, in modo che possa essere disponibile per milioni di utenti, puoi sfruttare alcuni portali come 'Immobiliare.it', che permettono di inserire annunci di vendita gratuiti.

Ma la cosa importante è che DEVI iniziare subito! ADESSO. Se il cliente ti Risponde SEMPRE NO, fai domande per capire le sue esigenze. Fai sempre domande, deve parlare il cliente non tu! Ma devi essere pronto a replicare alle sue domande, e più te ne fà e più significa che la casa gli interessa! Se il cliente ti risponde SI vendigli la casa e tira fuori subito la proposta di vendita.

Devi essere consapevole che devi essere disposto a negoziare. Se un acquirente dice che gli piace la tua casa, ma non è sicuro di volerla acquistare, questa è la tua occasione per ammorbidire l'affare. Hai notato se l'acquirente guarda con desiderio il tuo nuovo barbecue? Aggiungilo nella vendita.

Ti sembra perplesso sul fatto che il patio non viene verniciato da un po'? Diciamo che sei disposto ad abbassare il prezzo di 500 euro per coprire i costi di riverniciatura. Lasciare un piccolo elettrodomestico e fare una piccola concessione per i miglioramenti della casa potrebbe costare meno che continuare a pagare un mutuo su una casa che non vuoi.

Offri un incentivo. Trova il modo di alleggerire un po' la posta in gioco. Non sottovalutare il potere di un piccolo sconto, di una garanzia o semplicemente di un gesto gentile. Di seguito trovi alcuni consigli che possono rendere l'affare più allettante per l'acquirente. Offriti di pagare una parte, o il totale, dei costi relativi alla chiusura della transazione. I costi relativi alla compravendita di una casa possono raggiungere una grossa cifra molto velocemente (diverse migliaia di euro). Questo può quindi essere un grosso incentivo

Fornisci una copertura assicurativa che copra eventuali malfunzionamenti degli elettrodomestici. Normalmente una polizza di questo tipo costa qualche centinaio di euro, ma permette al compratore di stare tranquillo, sapendo che non dovrà pagare soldi extra nel caso di un problema. Offri di liberare la casa velocemente.

Molti acquirenti desiderano poter entrare nella loro nuova casa il più velocemente possibile. Quindi, se sarai in grado di assicurare al potenziale compratore che libererai la tua proprietà in 30-60 giorni o meno, l'ago della bilancia penderà chiaramente a tuo favore.

◆ ◆ ◆

HOME STAGING: IMPORTANTE PER CHI VENDE CASA MA MOLTO

DI PIU' PER CHI L'ACQUISTA

In sostanza la figura dell'home staging è un consulente immobiliare che in accordo con il venditore indica delle migliorie da effettuare sull' immobile in vendita in linea con quello che il mercato chiede.

Alcune volte può essere indicato solo di dare un'imbiancata a una o più stanze, altre volte gli interventi possono essere più invasivi ma sempre nell' ottica di creare vantaggio nella vendita sia come prezzo che come allineamento dell'immobile alle richieste del mercato. Come tutti ben sappiamo, la maggior parte delle volte, ci ritroviamo a proporre in vendita appartamenti in condizioni pessime a dei prezzi completamente fuori mercato; è qui che interviene l'home stager che rende giustizia e valorizza gli aspetti nascosti dal tempo dell'immobile.

Il principale obbiettivo dell'home stager è quello di rendere la tua casa attraente per facilitarne la vendita in tempi brevi e tentando di trarne più profitto. Il primo passo da compiere, una volta che si è decido di vendere casa, è quello di considerare l'immobile un prodotto e trattarlo da tale. Nel momento in cui, una casa, viene messa sul mercato, attraverso i vari portali immobiliari, diventerà un "prodotto" in concorrenza con gli altri "prodotti"

L' Home Staging è una tecnica di marketing che serve a valorizzare gli spazi delle proprietà immobiliari, migliorandone l'immagine in modo da favorirne la vendita o l'affitto in breve tempo. Se ci pensi bene, si tratta di un processo naturale: nessuno si recherebbe mai a un colloquio di lavoro in tuta, nè venderebbe un'auto ammaccata o sporca. Perché a una casa deve toccare un destino diverso? Si spera forse che il cliente colmi con la propria fantasia tutti gli spazi vuoti o trascurati? Non lo farà. Alcuni studi hanno dimostrato che un individuo decide di acquistare casa entro i primi 40 secondi della sua prima visita.

Spesso si tratta di una decisione intuitiva dettata dalle emozioni provate in quel momento, della quale nemmeno lui è pienamente consapevole. I ragionamenti che seguiranno serviranno a confermare la sua scelta. I dubbi saranno smentiti in pochi minuti. La mente ancora non lo sa, ma il suo cuore ha già deciso. E ha deciso sulla base di ciò che ha visto, non di ciò che immagina. Non tutti dispongono di una mente creativa in grado di andare oltre la situazione reale. Se un appartamento è in stato d'abbandono, può essere difficile immaginarselo ristrutturato e ritinteggiato.

Se in un angolo c'è un divano logoro con le molle che schizzano da tutte le parti, la mente avrà difficoltà a sostituirlo con un comò o un televisore al plasma. A questo devono pensare gli esperti di Home Staging. Lo scopo dell'home stager è far sì che l'appartamento si esprima al massimo delle proprie potenzialità. Sceglierà quindi colori in grado di illuminare la stanza, tessuti d'arredo adatti all'ambiente e mobili così ben inseriti nello spazio da dare l'impressione di esser stati realizzati su misura.

Poi, indicherà dove appendere i quadri che arricchiranno le stanze con oggetti di design, soprammobili, tappeti, cuscini. In poche parole, preparerà l'immobile per il servizio fotografico, per le riprese video e per la visita del cliente. Il nuovo proprietario, quando l'allestimento sarà smantellato, potrà decidere di ispirarsi a ciò che ha visto o modificare l'assetto dell'ambiente.

Qualunque sarà la sua decisione, non agirà per farsi piacere una casa che non lo convince fino in fondo, bensì per farsela piacere ancora di più dopo il colpo di fulmine iniziale. Tuttavia, chi decide di vendere casa, non deve considerare quest'attività un vezzo, bensì un investimento (circa l'1% del valore dell'immobile) che gli consentirà di ridurre al minimo il margine di trattativa del cliente e la permanenza dell'appartamento su mercato.

Quando un immobile è poco appetibile, infatti, può rimanere invenduto per molti mesi. Questa situazione genera frustrazione, ansia, e porta il venditore a ridurre il prezzo fino al rischio di una svendita. Preparando l'appartamento all'incontro con il cliente, il rischio è assolutamente scongiurato.

" MI HANNO DERISO QUANDO HO DETTO CHE AVREI AVUTO VANTAGGI E BENEFICI IN 90 GIORNI "

"Ma quando ho ottenuto e raggiunto il mio scopo, il mio obiettivo e la mia finalità mi hanno implorato di conoscere il mio "SEGRETO" per VENDERE CASA AGLI STRANIERI

Se guardi telegiornali, programmi TV o articoli su riviste ti verrà spontaneo dire che c'è la crisi, è tutto più difficile, è normale che le aziende chiudano visto come si comporta lo Stato, le multinazionali e via dicendo...e

che le case non si vendono più come una volta
La verità è che tutte le volte che analizzi un caso di quelli che vengono strillati sui media, ti rendi sempre conto che c'è un altro motivo.
Vuoi qualche esempio?
Venditori di case in CAMPAGNA o fuori dai centri abitati che abbassano troppo i prezzi e che non possono più sostenere i ribassi continui da 20 mila EURO e che si trovano ad fare ribassi continui
Molti venditori di case sulla falsariga di quanto sia bella l'italia , decidono invece di introdurre nuovi prezzi più ALTI e non mollano il prezzo per nessun motivo e poi si ritrovano ad avere dei COSTI sulle spalle che non possono sopportare;
AGENTI IMMOBILIARI che puntano tutto sull'essere conveniente e non si rendono conto che la prima grande multinazionale di Real estate che aprirà in zona li schiaccerà senza PIETÀ ...
Se scavi un po' più a fondo, trovi sempre un motivo che è tutto sulle spalle del proprietari di immobili o meglio, sulle spalle della mentalità imprenditoriale italiana.
In che senso?
Nel senso che se proprio voglio dare una colpa alle AGENZIE gli do quella di non aver insegnato ai venditori e proprietari come si vende un immobile INCAGLIATO e poco richiesto , non avergli spiegato cos'è il marketing e come va utilizzato, ma aver lasciato allo sbando ogni prorpietario di case in CAMPAGNA o fuori dai centri del nostro paese.
https://www.homeforsaleitaly.com/corsi-di-formazione
Perché quelle case sperdute nei borghi più belli d'Italia, o sei BRAVO a venderle a stranieri oppure te le tieni tutta la

vita sul GROPPONE

A questo punto però tu hai due strade davanti a te, come ogni altra persona che deve vendere nella tua stessa situazione.

Puoi decidere che va bene così e continuare a tenerti una casa che non ti serve e che e' diventata un peso insostenibile , e continuare ad ascoltare quello che ti è stato raccontato fino a oggi dal tuo AGENTE di fiducia che non accetta neanche l'incarico a vendere perché hai la casa troppo distante e lui non ha TEMPO da PERDERE con te perché tanto c'è la crisi

Puoi continuare a pensare che i clienti arriveranno da soli, perché sei bravo e lavori bene metti il cartello "VENDESI " al balcone e sei più FURBO di tutti perche non paghi mediazione a nessuno

Puoi pensare che "una buona qualità a prezzi convenienti" sia il modo migliore per vendere la casa di proprieta al miglior offerente anche se ti smeni 30 MILA EURO ogni volta

Oppure puoi decidere di vendere Casa agli Stranieri online

Questa è la SOLUZIONE ottimale al tuo problema che ti permetterà di risolvere definitivamente la vendita della casa che nessuno vuole più comprare in ITALIA

Se decidi di intraprendere la questa strada, vai su www.homeforsaleitaly.com

Invia i tuoi dati con la mail , io vengo personalmente a casa tua per una prima visita e valutazione gratuita

Hai una casa in campagna con la terra intorno?

Cosa aspetti a goderti I TUOI SOLDI e tutto questo ben di Dio?

Clicca qui sotto e diventa subito mio socio! ==> Vendere Casa a Stranieri

https://www.homeforsaleitaly.com/corsi-di-for-mazione
A presto socio
Cesare

◆ ◆ ◆

IMPARA COME ACQUISTARE CASA SENZA SOLDI

*Regola n*5*

Anche chi non dispone di una liquidità immediata può realizzare il sogno di comprare casa. Se si vuole comprare casa, ma non si dispone di un capitale iniziale si puo scegliere una delle tante formule alternative di acquisto.

- La prima è i Rent to buy, che permette di destinare una parte del canone di locazione come acconto sul prezzo di compravendita e rimandare il momento del rogito.

L'art 23 del decreto "Sblocca Italia" ha regolamentato il contratto cosidetto Rent to , un contratto che permette all'inquilino di scegliere e optare, dopo un certo numero di anni, per l'acquisto dell'immobile, scontando dal prezzo di vendita parte dei canoni già corrisposti.

Questo contratto da molti confuso come una semplice locazione, è in effetti una vera e propria vendita di immobile.

-La seconda è l'acquisto della "nuda proprietà", che in parole semplici è il valore dell'immobile diminuito dell'usufrutto, cioè la possibilità di vendere il proprio immobile, ma tenendo per sè il diritto di viverci per tutta la vita. Chi vende la nuda proprietà si riserva il diritto di abitare e godere l'immobile per tutta la vita incassando subito un capitale che può aiutarlo a vivere meglio, in tranquillità oppure aiutare i figli a comprare una casa o avviare un'attività lavorativa.

Chi invece compra la nuda proprietà, acquista a un prezzo agevolato in base all'età dell'usufruttuario.

Durante questo periodo la casa si rivaluta grazie al valore di mercato e grazie all'avanzamento dell'età del possessore della casa o usufruttuario.

Le altre sono più meno delle varianti delle prime due .

-Prestito vitalizio per chi ha più di 60 anni, si può chiedere un prestito con ipoteca

-Vendita con riserva di proprietà, la proprietà non viene

trasferita subito ma solo dopo il pagamento dell'ultima
rata

♦ ♦ ♦

BENE! ORA TUTTI DAL NOTAIO! FINALMENTE SI VENDE

O ra ci siamo finalmente, e se hai fatto tutto quello che ti ho consigliato senza tralasciare nulla arriverà il giorno in cui si andrà tutti insieme dal Notaio per stipulare il passaggio o Rogito, che è l'atto definitivo di compravendita e che si deve svolgere necessariamente di fronte al Notaio che solitamente sceglie la parte acquirente, perché solitamente lo paga lui.

Il Notaio farà tutte le verifiche dell'ultimo momento per garantire l'immobile oggetto del trasferimento. L'atto si firma in sua presenza con tutte le parti presenti, si richiedono anche 2 testimoni che di solito sono impiegati dello studio notarile.

E' questo il momento dove contestualmente, cioè nello stesso momento, verranno versate al venditore le somme per il saldo prezzo, e al notaio le somme per imposte di registro, ipotecarie, catastali, e la parcella per la stipula. Per la consegna dell'immobile fai un verbale di consegna e mi raccomando precisa sempre se ci sono vizi apparenti, cioè cose anomale che hai visto e riscontrato. Hai pronti tutti i documenti per la vendita della casa? Prendi l'atto di provenienza, che sarebbe l'atto precedente, quello dove tu hai acquistato la casa o dove l'hai ereditata o dove l'hai usucapita o altro ancora. Fai tutte le verifiche, prima del notaio falle anche tu.

Prendi l'atto di provenieza e leggilo tutto! Lo devi fare tu e solo tu. Ci possono essere imprecisioni o inesattezze o diritti ancora in essere ma dimenticati nel tempo. Le Planimetrie devono essere aggiornate allo stato di fatto!

Controlla se ci sono tutte le porte o le finestre, se i muri sono stati spostati o sono come nella planimetria, se i bagni hanno la finestra o sono sgabuzzini, se le mansarde sono mansarde o depositi, quindi non abitabili, nelle mansarde sono molto importanti le altezze, se sono molto basse e non riesci a stare dritto in piedi calcola un 50% in MENO, solo del valore della mansarda!

Recupera i certificati di conformità, il libretto della caldaia e APE, senza questi NON rogiti la casa che hai acquistato. Fai preventivamente le visure ipotecarie oppure chiedile al notaio, fai anche le visure catastali sull'immobile. Verifica la conformità urbanistica presso l'ufficio tecnico del Comune, e guarda se ci sono abusi edilizi! Ti consiglio di fare tutto quello che ti dico perché farlo dopo potrebbe portarti a degli spiacevoli inconvenienti come scoprire che l'immobile non è libero per la vendita, anche perché dopo saresti inadempiente nei confronti dell'acquirente

I TRE SETACCI

*INell'Antica Grecia Socrate
aveva una grande repu-
tazione di saggezza.*

Un giorno venne qualcuno a trovare il grande filosofo, e gli disse:

-"Sai cosa ho appena sentito sul tuo amico?"

-"Un momento"- rispose Socrate

-"Prima che me lo racconti, vorrei farti un test, quello dei tre setacci."

-"I tre setacci?"

-"Ma sì"- continuò Socrate- "Prima di raccontare ogni cosa sugli altri, è bene prendere il tempo di filtrare ciò che si vorrebbe dire. Lo chiamo il test dei tre setacci. Il primo setaccio è la verità. Hai verificato se quello che mi dirai è vero?"

-"No.....ne ho solo sentito parlare...."

-"Molto bene. Quindi non sai se è la verità, Continuiamo col secondo setaccio, quello della bontà. Quello che vuoi dirmi sul mio amico, è qualcosa di buono?"

-"Ah no! Al contrario."

-"Dunque"- continuò Socrate

-"Vuoi raccontarmi brutte cose su di lui e non sei nemmeno certo che siano vere. Forse puoi ancora passare il test, rimane il terzo setaccio, quello dell'utilità. E' utile che io sappia cosa mi avrebbe fatto questo amico?"

-"No, davvero."

-"Allora"- concluse Socrate-

"Quello che volevi raccontarmi non è nè vero, nè buono, nè utile; perchè volevi dirmelo?"

"Socrate"

-Morale; se ciascuno potesse meditare e mettere in pratica questo piccolo test, molto probabilmente il mondo sarebbe un posto migliore-

VENDI A CLIENTI STRANIERI E VAI IN AFFITTO

Regola n 6*

Bisogna vincere il timore di perdere soldi. Non conosco nessuno a cui piace perdere soldi.

Purtroppo esistono persone in difficoltà che non hanno mai perso denaro.

Nella vita a fare la differenza è il modo di gestire il denaro, i soldi, ed è del tutto normale essere timorosi.

Devi usare l'intelligenza finanziaria, che è l'unica possobilità che hai e che ti fa decidere quale cosa da fare è meglio per te.

Se sei un ragioniere, o fai di conti, sai che la casa è un cosa che ti fa perdere soldi, parlo di quella in cui ci vivi naturalmente.

I ragionieri la chiamano passività.

Una passività è un qualcosa che ti leva i soldi dalle

tasche.

Viceversa una attività i soldi li mette nella tasca.

Quindi la tua casa che cos'è?

Ok, dovresti aver capito che con tutte le spese, bollette, gas luce, e tasse varie, la tua casa, cioè quella dove ci abiti è una passività.

Per carità a tutti piace abitare in una bella casa accogliente e spaziosa che ti fa sentire bene.

Ma solitamente le persone abbienti la acquistano solo dopo avere messo sù un lavoro, una attività che glielo permette.

Pensa solo a quanto ti costa un mutuo di venti anni , di solito il capitale iniziale, cioè la cifra che la banca ti ha prestato per l'acquisto, arriva quasi a raddoppiare.

Hai mai pensato a quanti soldi puoi risparmiare pagando un affitto?

Prova a pensare a quante cose potresti fare con una cifra pari al prestito iniziale, e pensa a cosa potresti ancora fare con gli interessi pagati in venti anni

Quindi oltre ai 100 mila prestati e altri 100 mila di interessi pagati in venti anni

In totale sono 200 mila euro!

Ah, non dimentichiamo le spese per intestarsi la casa più il compenso del notaio e le spese ipotecarie e catastali.

Non voglio incasinarti le idee, e se la casa te la puoi permettere perchè hai delle entrate importanti fai bene a comprarla.

Ma se devi impegnare venti anni della tua vita con un mutuo, pensaci molto bene prima di incasinarti la vita e sgobbare come un mulo solo per pagare il muto.

Molti pensano che una volta rogitato la casa sia già di loro proprietà, ma si sbagliano alla grande!
Prova a non pagare le ultime 3 o 4 rate e vedrai cosa ti capiterà?
La casa sarà definitivamente tua quando avrai pagato TUTTE le rate del mutuo e quando sarai vecchio, intendo dal punto di vista lavorativo, cioè quando la tua capacità di reddito diminuirà notevolmente.
NON mi sembra un grande affare!

Questa cosa fondamentale per la sopravvivenza chiamata mutuo per la casa, è un ricatto generazionale bello e buono.
E' quello che ti fà saltare letteralmente dal letto per non fare tardi al lavoro, e quello chi non ti permette di prenderti dei, come piace a me chiamare, mini pensionamenti.

Sono momenti in cui ti prendi dello spazio per te per fare le cose che ami di più, la famiglia, i tuoi hobby, le tue letture e altro ancora!
La mia cultura ha insegnato a me e a tanti altri ad andare a scuola, prendere buoni voti, cercare un buon impiego, prendere un mutuo, comprare casa e lavorare sodo venti anni o più solo per pagare il mutuo.
Questa è schiavitù bella e buona, ed è quello che la nostra società vuole che tu faccia sempre, perchè in questo modo li fai arricchire .

La tua casa o il tuo mutuo per te sono un passivo, mentre immagina un pò che cosa sono per le banche?
Sono un attivo. Ed ecco perchè quando hai una busta

paga e un buon contratto, tali da renderli sicuri che rimborserai tutto fino all'ultimo euro prestato, ti chiederanno o ti pregheranno di fare un mutuo con la loro banca perchè tu sei già loro cliente e ti vogliono bene.

Pensaci molto bene se non vuoi diventare uno schiavo moderno!

UNA CASA MOLTO GRANDE PER LA FAMIGLIA

◆ ◆ ◆

L o so! Avere una casa di proprietà significa fare quello che si vuole senza rendere conto a nessuno. Significa non dover chiedere permesso ad altri se si vuole spostare un muro o eseguire qualche lavoro o ridipingere la facciata di casa.

Perchè è la tua casa che ti proteggerà per sempre.

Ovviamente tutto questo è vero se abbiamo la casa di proprietà interamente pagata, perchè con il mutuo lo sai già come va a finire se salti qualche rata!

Quindi in base alla tua capacità di reddito puoi acquistare la casa della tua vita. O almeno dicono così!
Perchè ci hanno sempre insegnato che bisogna comprare casa per andarci a vivere, e noi italiani siamo la popolazione con più abitazioni di proprietà.
Ma le esigenze della vita nel corso degli anni posso cambiare.
Quindi andare a vivere in affitto è meglio che comprare casa?
La prima risposta che posso darti e chè comunque compri casa, sia che la paghi con soldi tuoi risparmiati, e sia perchè ottieni il fatidico o fatale mutuo la tua capacità di investimento si blocca.
Se la paghi in contanti blocchi, mettiamo 300 mila euro che non potrai utilizzare per fare investimenti in immobili o attività imprenditoriali, che ti produranno denaro.
Con l'acquisto con mutuo blocchi sempre la tua capacità di investimento, perchè tutti i mesi dovrai pagare 800 euro al mese per la rata, ma sopratutto non potrai mai più chiedere in prestito denaro da investire.

Se vai in affitto la tua capacità di investimento non viene bloccata, ma avrai invece una grande possibilità di fare investimenti in immobili da mettere a reddito che ti faranno incassare tutti i mesi un affitto, oppure potrai creare la tua azienda che hai sempre sognato!
Ci sono tante persone in affitto in case da più di milione di euro, sono persone o professionisti che mai potrebbero acquistare case di quel valore, ma che invece ries-

cono tutti i mesi a pagare il canone di affitto.

In affitto puoi permetterti una casa più grande e più bella
e più importante! Una casa che il tuo reddito familiare
non ti permetterà mai di possedere!
Potrai così permetterti di migliorare la qualità della tua
vita e della tua famiglia.

◆ ◆ ◆

LA TUA CASA TI FA' PERDERE SOLDI

Regola n* 7

L'abitudine di considerare la casa come il più importante investimento per una famiglia, e il concetto che un aumento della paga o salario ti possa adirittura permettere l'acquisto di una casa ancora più grande è alla base della nostra società indebitata.

Questo aumento continuo delle spese mette nei guai intere famiglie, gettandole nello sconforto più totale e nell'incertezza finanziaria, anche se arrivano regolarmente avanzamenti in carriera e stipendi maggiori.

Così quando capita l'affare della vita certe persone non possono sfruttare l'occasione perchè sono troppo indebitati.
Non sono persone facoltose, ma sopravvivono, e ogni mese avranno un reddito che coprirà a sufficenza le spese mensili.

Quindi considerare l'opzione di vendere la tua casa può diventare vantaggiosa perchè ti ritrovi con bel gruzzoletto da poter investire. Cercate di occuparvi dei vostri affari, mantenendo il vostro posto di lavoro e sopratutto iniziate a comprare beni o immobili, o altro che vi darà del reddito ogni mese.

Un auto nuova perde circa il 20% del prezzo di listino nel momento in cui la ritirate dal concessionario.
Non darà mai alcun tipo di reddito, e anche se la banca ve la finanzia, perchè per la banca è un attivo, per te è un passivo, cioè una cosa che tutti i mesi ti toglie soldi dalle tasche.

Cerca di mettere a reddito tutto quello che puoi, anche la tua casa. Troverai sempre una bella casa in affitto per la tua famiglia.

Guardo in giro e vedo molti ragazzi che possiedono già una carta di credito ancora prima di finire le scuole superiori. Ma senza un'istruzione finanziaria e di investimenti non sono pronti ad affrontare il mondo che li aspetta. La nostra società privilegia la spesa invece del risparmio e la nostra scuola non ti insegna a risparmiare o a investire.

Dovete cercare di imparare o studiare certi meccanismi finanziari, perchè se non lo fate non potrete mai affrontare situazioni difficili.

E se imparate subito a districarvi da problemi grandi e complessi, quelli piccoli sembreranno una passeggiata.

Ma Io Non Sono Un Esperto

S e non sei un esperto, non c'è nessum problema! Nella vendita l'essere "esperto" significa solamente sapere più cose dell'acquirente

Non devi necessariamente essere il migliore, è sufficiente sapere più cose sull'argomento di tanti altri.

Se volete vendere casa e volete crearvi un vostro sito web semplice e ben fatto per promuovere il vostro immobile, leggetevi i 3 testi migliori sull'argomento, e state sicuri che ne saprete più voi che tanti agenti immobiliari.

Certo che è possibile che sappiate tutto quel c'è da sapere su come arredare una casa, ma se non siete un architetto, sicuramente solo poche persone vi daranno retta.

Ma poco importa, perchè quello che conta veramente non è costruire una realtà migliore, ma solo presentarla sotto una luce nuova, diversa .Non dovete convincere tutti, e non chiedete alle persone se sono interessare e se comprerebbero casa.

Chiedete loro di comprare adesso e tirate fuori la proposta di acquisto!
Questo è quello che conta veramente.

◆ ◆ ◆

C'ERA UNA VOLTA
IL "MUTUO"

S pero che questo libro ti sia piaciuto e che ti sia servito o che ti possa servire per ulteriori vendite che farai per te o per altri ma sopratutto che ti possa aiutare per fare una buona vendita della tua casa. Il mercato Immobiliare dicono tutti che sta lentamente riprendendosi, e forse questo è vero nel complesso! Certamente sono riprese le vendite, ma solo perchè sono calati i prezzi medi delle case. Ma secondo me non sarà più come prima e quando si acquista sarà fondamentale riuscire a prevedere come sarà l'andamento del mercato.

C i saranno sempre "zone" più liquide delle altre, indipendentemente dalla situazione economica o finanziaria del paese , e questo varrà sempre per le zone turistiche. Mare, laghi e montagna avranno sempre un discreto margine di aspettative nel lungo periodo. Questo vale anche per le case "nuove" che si

cesare antonelli

venderanno sempre e aumenteranno sempre di più . Per
gli immobili vecchi o ventennali sarà veramente dura
competere con il mercato immobiliare, si è vero che
costeranno sempre meno, ma le persone non amano met-
tersi a ristrutturare, perche vogliono già le case pronte
all'uso e via, ovviamente tranne che per gli esperti ed op-
eratori del settore.

Un ultimo aspetto, riguarda la mancanza di possibilità
di avere il mutuo bancario, che tanto ha spinto in sù
il mercato negli anni del boom! Oggi avere un mutuo è
difficilissimo e senza avere almeno 2 buste paghe , ma
di quelle buone dette a tempo indeterminato, è pratica-
mente impossibile ottenere il prestito bancario, e secondo me finchè le banche non torneranno a finanziare le
case, il problema non si risolve e difficilmente il mercato
potrà come si dice ritornare in piena "bolla immobiliare"
Ma qui però entriamo in un altra storia e materia molto
più complessa della quale ti ho già anticipato prima
qualche informazione utile per te e la tua famiglia.

Attivati adesso e decidi tu come comportarti nella tua
vita e nelle tue decisioni finanziarie. Pensa e agisci di
conseguenza. Hai tante leve fantastiche nella tua mente ,
e ribellati al vecchio schema "lavoro una vita e poi se ci
arrivo mi godo la pensione"

Qualunque sia il tuo sogno, cerca di sottrarti al reddito
fisso, fai se puoi il giro del mondo, con un lavoro a sei zeri,
e semplicemente cerca di vivere di più lavorando molto,
ma molto meno.

Se abbanonate la nave e venite licenziati, non è difficile
eliminare per un pò parte delle spese vivendo dei ris-

parmi per un breve periodo.

Potete affittare casa, oppure venderla, ci sono e ci saranno sempre tante opzioni da seguire, dipende solo da te decidere quali scelte fare. Potrebbe essere emotivamente difficile e frustante, ma non morirete di fame.

Fate quache debituccio e rimanete a mangare in casa invece di uscire per andare al ristorante o in pizzeria.Cercate di vendere tutte le cose che avete acquistato negli anni, dove avete speso migliaia di euro e che non vi serviranno mai, ma che invece vi portano via spazio nel garage.

La vera libertà è imparare a rallentare, a perdervi volutamente.Fate così: prendetevi due mesi per mollare per sempre le vecchie abitudini e riscoprire voi stessi e le cose che realmente vi piace fare. Fate le cose che veramente vi appassionano e che fareste anche gratis! Questo è il libro che hai sempre desiderato leggere!

Charles Bukowski

E così vorresti fare lo scrittore?

e così vorresti fare lo scrittore?

se non ti esplode dentro
a dispetto di tutto,
non farlo.
a meno che non ti venga dritto dal
cuore e dalla mente e dalla bocca
e dalle viscere,

non farlo.
se devi startene seduto per ore
a fissare lo schermo del computer
o curvo sulla
macchina da scrivere
alla ricerca delle parole,
non farlo.
se lo fai per soldi o per
fama,
non farlo.
se lo fai perchè vuoi
delle donne nel letto,
non farlo.
se devi startene lì seduto a
scriverlo e riscriverlo,
non farlo.
se è già una fatica il solo pensiero di farlo,
non farlo.
se stai cercando di scrivere come qualcun
altro,
lascia perdere.

se devi aspettare che ti esca come un
ruggito,
allora aspetta pazientemente.
se non ti esce mai come un ruggito,
fai qualcos'altro.
se prima devi leggerlo a tua moglie
o alla tua ragazza o al tuo ragazzo
o ai tuoi genitori o comunque a qualcuno,
non sei pronto.

non essere come tanti scrittori,

non essere come tutte quelle migliaia di
persone che si definiscono scrittori,
non essere monotono o noioso e
pretenzioso, non farti consumare dall'autocompiaci-
mento.
le biblioteche del mondo hanno
sbadigliato
fino ad addormentarsi
per tipi come te.
non aggiungerti a loro,
non farlo.
a meno che non ti esca
dall'anima come un razzo,
a meno che lo star fermo
non ti porti alla follia o
al suicidio o all'omicidio,
non farlo.

quando sarà veramente il momento,
e se sei predestinato,
si farà da
sè e continuerà
finchè tu morirai o morirè in te.

non c'è altro modo.

e non c'è mai stato.

NON C'E' NESSUN " NUMERO UNO " RACCOMANDATO

Ci sono tantissime persone che, a un certo punto si rassegnano e si lasciano andare.

Forse non hanno mai iniziato veramente, nemmeno a provarci e gridano "tanto è tutto inutile".

Molte persone credono che si possa andare avanti solo per raccomandazione.

E diciamo subito senza ipocrisie che una vera raccomandazione può serire per occupare un buon posto di lavoro.

Ma secondo te può servire ad avere successo e a mantenere quel posto?

Se non porti a casa risultati ti mandano a casa senza pensarci su un attimo.

O pensi invece che ti tengono in un angolo al calduccio?

Tu che ne pensi?

Si può certamente portare a casa uno stipendio, perchè ti hanno raccomandato, ma non si va molto avanti.

Durante la mia carriera di imprenditore quelli bravi sono

sempre andati avanti, ma intendo quelli bravi davvero.
No quelli raccomandati.
I talentuosi arrivano da soli.
Certo la raccomandazione può agevolarti tantissimo all'inizio, può creare l'incontro, il primo approccio con l'azienda.
Ma dopo sta a te dimostrare quello che vali veramente, anche perchè chi ti raccomanda non sà esattamente quanto vali e quello che sai fare.
Ti sta solo facendo un piacere.
O meglio ancora, lo sta facendo a qualcun altro.
Quindi se non hai il tuo percorso di fatica e lavoro davanti, non c'è nessun futuro assicurato.

> *"Il talento da solo vale poco. Ciò che separa il talentuoso dalla persona di successo è il duro lavoro"*

Stephen King

Trova la strada per tirarti fuori, per cercare di sviluppare le tue abilità e attitudini.

Oggi le basi sono molto più importanti di una volta.

Andare a scuola è fondamentale, nel lavoro bisogna approfondire continuamente.

Si fa meno fatica, anche io continuo sempre a cercare nuove strade e ad approfondire nuove strategie di vendita di case.

Non c'è mai fine.

Grazie per avere acquistato il libro VENDERE CASA A STRANIERI "7 Regole per uscire vivi dalla crisi"

Se ti può interessare ho scritto anche un e-book dal titolo "VENDERE CASA E' FACILE se sai come farlo"

Se hai domande o suggerimenti scrivimi pure.

www.homeforsaleitaly.com

cesare antonelli

Ti auguro una vita fantastica e piena di belle cose !

NOTE...

NOTE...

cesare antonelli

APPUNTI...

APPUNTI..